J. Manuel Gallego

Editorial Gustavo Gili, S. A.

08029 Barcelona   Rosselló, 87-89. Tel. 322 81 61
28006 Madrid   Alcántara, 21. Tel. 401 17 02
1064 Buenos Aires   Cochabamba, 154-158. Tel. 361 99 98
México, Naucalpan 53050   Valle de Bravo, 21. Tel. 560 60 11
Bogotá   Calle 58, N.º 19-12. Tels. 217 69 39 y 235 61 25

J. Manuel Gallego

Introducciones / *Introductions*
Miguel Angel Baldellou / Manuel Mendes

GG

Catálogos de Arquitectura Contemporánea
Current Architecture Catalogues

A cargo de/*Editor of the series*
Xavier Güell

Traducciones/*Translations:*
Basilio Losada y Graham Thomson

El texto, a excepción de la introducción, es de J. Manuel Gallego
The text, with exception of the introduction, is by J. Manuel Gallego

© Editorial Gustavo Gili, S.A., Barcelona, 1992

Printed in Spain
ISBN: 84-252-1536-6
Depósito legal: B. 41.284-1991
Impresión: Grafos, S.A. – Barcelona

Indice

Contents

La Intuición reflexiva

Miguel Angel Baldellou

The reflexive intuition

Miguel Angel Baldellou

Reflexionar ordenadamente en torno a la obra de J. Manuel Gallego supone para mí aproximarse distanciadamente a mis propios problemas.

Porque la obra de arquitectura, en el mejor de los casos, es el resultado de un complejo proceso de decisiones entre solicitudes dispersas, su análisis deriva inevitablemente hacia la explicitación de aquéllas, tendiendo, en último término, a la justificación de las propias opciones. Al margen de los resultados construidos, y de su enorme calidad en el caso de J. Manuel Gallego, lo que me interesa más profundamente de su arquitectura es su capacidad de sugerencia.

Lo que atribuí hace ya bastante tiempo a la duda propia de la lucidez, hoy me parece el producto de la más plena madurez, que se expresa con seguridad y sutileza en algunas de las obras más emotivas que hoy pueden experimentarse en nuestro contexto.

Resulta difícil segregar en una obra tan compleja como la de J. Manuel Gallego cuáles son los parámetros sobre los que se concretan sus decisiones finales. Algunos, en primera instancia, pueden parecer obvios. Así, y el propio Gallego lo manifiesta con frecuencia, son referencias inevitables las de su tierra y las de su aprendizaje cultural. Sin embargo, ninguno de estos dos polos resulta fácilmente definible en unos contornos precisos. Tanto porque la tierra a la que pertenece, Galicia, es como pocas, tan sutil como compleja, como porque la cultura a la que voluntariamente se adscribe, es la del Movimiento Moderno; esquivo, equívoco y contradictorio término en el que caben demasiadas cosas y muy pocas se justifican.

Al ser dos referencias iniciales, casi programáticas, habrá que precisar en qué sentido las aceptamos y qué matices nos interesan. En sus niveles más primarios resulta claro que la cultura asimilada en la infancia y la juventud de J. Manuel Gallego es la de la Galicia más profunda, tan ligada al interior como al océano, al bosque, al huerto, a la niebla, a la piedra. Un sentimiento de lo que tiene de universal lo más íntimo, sin duda puede surgir de esta naturaleza, antes incluso de la voluntad adulta de trascenderla y ordenarla.

También es clara su pertenencia a un contexto universitario deudor, en sus mejores opciones, de la cultura europea. Con todas las limitaciones que se quiera, pero voluntariamente ligado al ensueño de una vanguardia histórica nunca del todo poseída.

La filtración de estas dos naturalezas, debida y asumida a través de un maestro como pocos, Alejandro de la Sota, modi-

An ordered reflection on the work of J. Manuel Gallego amounts, for me, to a kind of detached consideration of my own problems.

Because the work of architecture is, at its best, the outcome of a complex process of deciding between disparate claims, its analysis inevitably inclines towards making these explicit, tending in its ultimate term to justify its own positions. Off to one side of the built results, and they are of tremendous quality in the case of J. Manuel Gallego, what interests me most deeply in his architecture is its suggestive capacity.

What I attributed a good while ago now to the doubt inherent in lucidity, seems to me today to be the product of the fullest maturity, which expresses itself surely and subtly in some of the most emotive pieces of architecture to be experienced in the present-day Spanish context.

It is, in effect, difficult to isolate, within a body of work such as that of J. Manuel Gallego, those parameters on which his final decisions are grounded. A number of them might, in the first instance, seem obvious. So it is, and Gallego himself frequently affirms as much, with the inevitable references to both his native soil and his cultural apprenticeship. Nevertheless, neither of these two poles proves easily definable in its precise configuration. This is as much because the land to which he belongs, Galicia, is like few others, as subtle as it is complex, as because the culture to which he consciously subscribes is that of the Modern Movement: an elusive, equivocal and contradictory term within which too much is subsumed, and too little of it justified.

Taking these as two initial, almost programmatic references, we must go on to define the sense in which we understand them and the particular aspects of them which concern us here. On its most primary levels it is clear that the culture which J. Manuel Gallego absorbed in his childhood and youth is that of Galicia at its most profound, bound as closely to the interior as to the ocean; to the woods, the fields, the mist, the stone. A sense of what is universal in all that is most intimate might very well be assimilated from this natural environment, even before the formation of the adult will to transcend and order it.

It is equally clear that he derives from a university background indebted, in its finer possibilities, to the culture of Europe. Limited in any number of ways as this background was, it was nonetheless bound up, voluntarily, with the dream of a historical vanguard which was never quite realised.

The filtration of these two natures, assimilated as a result of the influence of an exceptional inspiration, Alejandro de la Sota, must in any case inevitably modify the conscious references

fica en todo caso de forma inevitable las referencias conscientes elaboradas en la reflexión sobre las propias limitaciones.

Algunas características del paisaje cultural de Galicia permiten su interpretación en clave de sugerencia mucho más que de certeza. Lo huidizo de las formas, lo borroso de sus límites, contrasta con la contundencia pretendida de las actuaciones construidas simplemente en busca de lo mínimo, tanto como las que pretenden aunar la desmesura con la razón constructiva.

En la obra de De la Sota, de la búsqueda de lo mínimo y lo difuso de los límites, puede deducirse una actitud evasiva hacia ambigüedades formales más sutiles y también de menor compromiso externo. No sólo una enunciada búsqueda del anonimato sino también una reflexión implícita sobre las propias contradicciones. La lucidez precisa para asumir el riesgo, es sostenida en la obra de los mejores discípulos de De la Sota. En este sentido la posición de Gallego resulta paradigmática. Sus «fugas», primero de Orense, luego del maestro, simultáneamente de la moda, tal vez sean sólo los gestos de una estrategia más profunda. Buscar el propio origen del conocimiento sin interferencias.

Si algo, intelectualmente hablando, tiene de apasionante el ejercicio de la arquitectura, está en la exploración de los márgenes tanto personales como sociales. La creatividad no sería otra cosa que la consecuencia de una tensión dialéctica entre opuestos, que en todo caso se define en un equilibrio transitorio. En este sentido, concretar la forma, exigencia final de la arquitectura, es en sí misma una necesidad, que, aunque imperiosa, no deja de suponer un obstáculo a la idea del proyecto que tiene su esencia en su propio discurrir. De ahí que el discurso del proyectar, al subrayarse como proceso de conocimiento, tiende a eludir el carácter finito que en el ámbito social se le exige, al tiempo que la propia obra adquiere un sentido equivalente al convertirse también en parte del proyecto.

En más de una ocasión Gallego ha plantado su obsesión por considerar el proyecto como un modo de conocimiento. Había que subrayar de nuevo la importancia, en este caso, del modo. Porque es la actitud la que «modifica» la realidad preexistente haciendo, tanto de su percepción como de su nueva organización arquitectónica, una realidad intransferible. No obstante, las posibilidades de apreciación son posibles atendiendo a las claves en las que se concreta el proyecto. Es decir, planteando su apropiación desde las referencias adecuadas. Y no tanto, y desde luego no sólo, desde las iniciales ya enunciadas del origen, geográfico y cultural, sino principal-

elaborated in the architect's reflection on his own limitations.

Some of the characteristics of the cultural landscape of Galicia point to its being interpreted much more in terms of suggestiveness than of certainty. The vanishing nature of its forms, the mistiness of its limits, contrast with the head on approach assumed as much by those constructions which seek the minimal as those which set out to interpolate excess into the constructive rationale.

In Sota's work, we can deduce from the pursuit of the minimal and the diffuseness of the limits an attitude which displaces itself in the direction of formal ambiguities which are at once subtler and less externally compromising. Not merely a declared pursuit of anonymity, but at the same time an implicit reflection on its own contradictions. The lucidity essential to the assumption of such a risk is an abiding presence in the work of Sota's best disciples. In this context, Gallego's position is paradigm. Surely his «flights», first from Orense, them from his master, and simultaneously from fashion, are nothing other than the manifestations of a deeper strategy: to pursue the origins of understanding itself, free from interference.

If there is anything, intellectually speaking, which excites passion in the exercise of architecture, it is to be found in the exploration of the margins, both personal and social. Creativity is then nothing other than the consequence of a dialectical tension between opposites which at all events defines itself as a transitory equilibrium. Accordingly, the giving of concrete form, the ultimate demand of architecture, is in itself an imperative which, however imperious, nevertheless constitutes an obstacle to the idea of the project, whose essence is contained in its very unfolding as idea. Thus it is that the discourse of designing, in insisting on itself as a process of understanding, tends to escape from the finite character imposed on it by social demands, at the same time as the work itself takes on a meaning equivalent to its becoming itself a part of the project.

Gallego has, on more than one occasion, manifested his obsession with regarding the project as a mode of understanding. We must insist yet again here on the importance of the mode. Because it is the attitude which «modifies» previously existing reality, in the making, through the perception as much as through the new architectonic organisation, of an intransferrable reality. In spite of this, the possibilities for appreciation can be found in attending to the keys in which the project is constituted. In other words, through the positing of its assimilation in terms of the appropriate references. Not so much, and of course not solely, in terms of those initial references exposed in its origins,

mente, de las elaboradas trabajosamente por el propio arquitecto.

Esto nos llevaría, en primer lugar, a suponer en qué sentido, la profunda huella sotiana, ha condicionado el trabajo de Gallego. Tanto en los textos del maestro, como en sus obras, subyace sólo una parte, y no siempre de forma evidente, de un mensaje que trasciende la propia materialidad de cada caso para referirse difusamente a la actitud adoptada frente al mundo, desde la construcción del suyo propio.

Esto implica, subconscientemente, que el modo conduzca el proceso de conocimiento más allá de la razón pretendidamente objetiva. Las tantas veces señalada intuición sotiana explora la realidad, buscando en ella el sentido de sus propios ideales. Esta lección implícita, que no puede aprenderse sólo con la voluntad ni fuera de la calma reflexiva, que obviamente no se aprecia desde la prepotencia, exige para su apropiación un esfuerzo continuado por «ser», que muy pocos están en situación de mantener. Y es ahí donde se articula, a mi entender, la trayectoria profesional de J. Manuel Gallego con la de Alejandro de la Sota. La voluntad de construir sus propias referencias intelectuales han llevado a Gallego más allá de la influencia. Puede hablarse pues de autonomía, por haber captado el fondo del mensaje. Y es el modo personal de conocer, usando para ello aquellas referencias, el que confiere a la obra su carácter en sentido estricto.

Ahora bien, precisar las variables sobre las que Gallego proyecta su arquitectura, supone a su vez un ejercicio exploratorio cuya mayor dificultad estriba precisamente en la profunda coherencia de su obra. En este sentido, la casa de El Carballo resultó un verdadero desafío por realizar, hacer real, y con su propio riesgo, las dudas o las variables a las que se referirá desde entonces con insistencia.

Volviendo al tema de las referencias habrá que matizar que sólo son aislables en la medida en que la necesidad de análisis lo requiere. Como convenio de partida. Tanto el proceso de elaboración de las ideas como la intrincada relación que se da entre ellas, en cada solución concreta apunta a entenderlas como parte de un todo en el que se justifican, fuera del cual apenas son algo más que sugerencias inconexas. Aceptando pues su dependencia, es posible definirlas en su relativa autonomía.

La primera cuestión es la borrosa idea del lugar.

Como noción esencial, su apropiación es previa al proyecto y plantea en términos especiales el conocimiento de la realidad que se deriva de la experiencia individual y colectiva.

geographical and cultural, but principally in terms of the reference laboriously elaborated by the architect himself.

This leads us, in the first place, to an appreciation of the sense in which the profound imprint of Sota has conditioned Gallego's work. Underlying both the texts and the buildings of this maestro, and not always exposed to sight, we can discern no more than a part of a message which transcends the specific intrinsic materiality of each case in order to refer, diffusely, to the attitude adopted in the face of the world, from the construction of his own.

This implies, subconsciously, that the mode carries the process of understanding beyond supposedly objective reason. Sota's so often remarked intutition explores reality, searching in it for the meaning of its own ideals. This implicit lesson, which cannot be learned through the exercise of the will alone, not even in a state of reflecting calm; which power must obviously fail to appreciate; requires for its assimilation a continuing will to «be» which very few people are in a situation to maintain. And it is there where, as I understand it, the trajectory of J. Manuel Gallego's professional career articulates with that of Alejandro de la Sota.

The will to construct his own intellectual references has led Gallego beyond influences. He can talk, then, of autonomy, as one having understood the underlying message. And it is his own personal mode of understanding, in which he employs those references, which gives his work its character in the strict sense.

At the same time, the definition of the variables on which Gallego projects his architecture implies in turn an exploratory exercise whose greatest difficulty lies precisely in the profound coherence of his work. In this context, the realisation of the El Carballo house proved to be a real challenge, one charged with its own risk; the making real of the doubts or variables to which he would henceforth refer insistently.

To go back to the question of references, it has to be said that these can only be isolated to the extent that the needs of analysis call for it. As an agreed point of departure. The process of elaborating the ideas, as much as the intricate relationship which obtains between them, points in each specific solution to their being understood as part of a whole in which they find their justification, and outside of which they are scarcely more than unconnected suggestions. Accepting, then, their dependent status, it is possible to define them with relative autonomy.

The first question is the nebulous idea of place.

As an essential notion, its appropriation is prior to the project, and poses in spatial terms the understanding of the

Detalles de la escalera del Museo de Arte Sacro de la Colegiata, La Coruña.

Details of the steps of the Collegiate Chunch Museum of Sacred Art, La Coruña.

Por lo tanto, el ámbito reconocible es lo que la arquitectura hace patente. El fin de la obra arquitectónica no sería otro que el de configurar el lugar, hacerlo presente; y el del proyecto, representarlo. De hecho, se trata de una operación que pretende hacer sensible lo que esta previamente latente en la preexistencia. Quizás evocando su espíritu, disponiendo adecuadamente los medios materiales que permitan el reconocimiento cultural. Ciertamente se requiere el recurso a la razón para procurar la inteligencia de los signos formales y con ellos sus posibles relaciones espaciales, pero también se precisa la capacidad para hacerlas emotivas, del modo que resulten significativos. Sólo así la construcción del lugar, compartido como símbolo, se estabiliza en la memoria para condicionar sutilmente la experiencia.

Acudiendo a mi propia memoria, reconozco la presencia del lugar, por sugerencia de la obra, y a través de ella en la intención de sus proyectos, en la arena interior de Corrubedo, en el espacio incluso de Valdoviño, en Chantada, en Veigue, en las viviendas de El Carballo y de Arosa. Pero además, no se trata tan sólo de lugares comunes en su sentido estricto, sino también de lugares únicos en la medida que han sido modificados, acudiendo a lo más profundo del pensamiento, cuando la razón se pierde en el vértigo de la intuición presentida. Son lugares cuya tensión interna evoca lo inestable de su naturaleza, haciendo hincapié en la relación más que en los términos relacionales. Interior-exterior, público-privado, general-individual, son matices que adquieren su carácter especial en el ámbito de su ambigua interferencia. Ambigüedad coherente con la procedencia de las referencias primarias antes enunciadas, y objetivo inconsciente de una personalidad construida sobre la tensión de los opuestos. La estructura de la cultura material gallega propicia actuaciones formalizadoras al modo de Gallego. Ambigüedades redundantes, repetidas, con variaciones que tienden a diluirse en unos límites que se desvanecen en la niebla.

La percepción del lugar requiere de signos estables, que permiten elaborar su estructura o tan sólo adivinarla. Aquí está la otra referencia a la que acude, también ostinadamente, J. Manuel Gallego: el límite, en su realidad perceptiva, bien puede ser simplemente virtual. Aquí surgen las enormes posibilidades de su construcción material. La razón geométrica y proporcional, la razón tipológica, su propia esencia material y su carácter pragmático.

Un límite que es a la vez unión y separación, filtro y borde y senda, una discontinuidad espacial y un fin en sí, tanto como

reality derived from individual and collective experience. It is therefore the recognisable ambit which architecture makes patent. The ultimate end of the work of architecture is neither more nor less than the configuration of the place, to make it present, while that of the project is to represent it. In effect, what we have is an operation which seeks to make tangible that which was previously latent in pre-existence. Perhaps through the evocation of its spirit, through the appropriate disposition of the material means which make cultural recognition possible. Certainly it calls for a recourse to reason in order to bring about the intelligibility of the formal signs, and with them their potential spatial relationships, but the capacity to make them emotive is also necessary, in such a way that they take on significance. It is only in this way that the construction of the place, shared as a symbol, is stabilised in the memory to subtly condition experience.

Appealing to my own memory, I recognise the presence of the place, suggestted by the architecture, and through it the intention of his projects, in the interior arena in Corrubedo, in the unconcluded space in Valdoviño, in Chantada, in Veigue, in the El Carballo and Arosa houses. In addition, however, these are not merely common places in the strict sense, but also unique places to the extent that they have been modified, through recourse to the deepest levels of thought, where reason becomes lost in the vertigo of premonitory intuition. They are places whose internal tension evokes all that is unstable in their nature, emphasising the relationship more than the terms of relationship. Interior-exterior, public-private, general-individual, these are gradations which take on their special character within the ambit of their ambiguous interference. A coherent ambiguity by virtue of the primary references previously put forward, and the unconscious objective of a personality constructed on the tension between opposites. The structure of Galicia's material culture encourages formalising interventions in the Gallego mode. Ambiguities which are redundant, repeated, with variations which tend to dissolve into limits which vanish in the mist.

The perception of place requires stable signs which make it possible to work out, or at least guess at, its structure. Here we have the other reference to which again, J. Manuel Gallego turns: the limit; in its perceptual reality, it might well be merely virtual. Out of this arise the tremendous possibilities of its material construction. Geometrical and proportional reason, typological reason, its very material essence and its pragmatic character.

A limit which is simultaneously union and separation, filter, border and path, a spatial discontinuity and an end in itself as much as a means. If I earlier insisted on the configuration of the

un medio. Si antes he subrayado como fin último del proyecto la concreción del lugar, ahora me detengo en el límite como medio de concretarlo. La operación de limitar, acotar, territorializar en definitiva, colma de dificultades las decisiones posibles, que sólo cuando se ha definido el modo, pueden resolverse coherentemente incluso asumiendo la propia ambigüedad. Es ahí donde se impone el cómo sobre el qué, ya prefijado. La voluntad de estilo sobre la voluntad de forma. El riesgo que comporta este ejercicio debe ser sustentado sobre un rigor de carácter dialéctico. Aquí aparece la mejor tradición de lo moderno en la arquitectura de Gallego.

En muchas de sus obras, el límite asume un papel referencial en la experiencia. Al principio de forma contundente (Corrubedo), paulatinamente trasladado de escala (Vite), para diluirse por la redundancia del límite-del limite (Arosa), y fundirse por último con el propio lugar pensado como circunstancia (Veigue). El límite del paso en Valdoviño, girando la trama subyacente (algo que se da también en algún modo en Vite y en el Museo de la Colegiata), renuncia sin embargo, por contradicción, a la noción del eje, volviendo al sentido primordial de la senda, aunque sea tan sólo como presentimiento (El Carballo).

La sucesión de límites y envolventes de sus últimas obras (Veigue, Museo de La Coruña), nos aproximan muy probablemente a una vuelta al origen. La inversión de la forma, la «fachada» inexistente, como recurso y repliegue al interior, como posible renuncia a explicitar lo que «es en sí», o no es de ningún modo, nos lleva de nuevo a De la Sota, a Kahn, a Asplund,... o al menos a lecturas penetrantes de algunas de sus propuestas. Si, finalmente, hay que recurrir al intermedio de la magia para comulgar con la naturaleza y la cultura, para recuperar la pérdida del Arte, no será en todo caso por culpa de quienes han puesto todo su empeño en clarificar su esfuerzo, sino por la de quienes se van dejando llevar por la estulticia general nutrida con la ausencia de valores.

La obsesión por concretar con el límite la forma del lugar, lleva a Gallego a la experimentación con la textura, con los materiales. Si sobre todo en un principio fueron los revocos y los prefabricados los encargados de conferir a los límites su carácter, quizá buscando la normalización de la irregularidad, puede advertirse una vuelta al color y a la expresión de las texturas de los materiales naturales; la piedra, la madera, en contraste buscado con el metal y el vidrio. Tradición y cultura moderna de la mano, en un intento, manierista, de trazar un signo y dejar una huella personal en un espacio compartido.

place as the ultimate end of the project, I now find myself pausing over the limit as the means of configuration. The operation of drawing the limit, of setting bounds, of creating a territory, in short, loads the range of possible decisions with difficulties which can only be coherently resolved, and can then even assume ambiguity, once the mode has been defined. This is where the «how» imposes itself on the already determined «what». The will to style overlaying the will to form. The risk this exercise involves asks to be supported on the basis of a rigour which is dialectical in character. This is the point where the best tradition of the modern emerges in Gallego's architecture.

In much of his work, the limit takes on a referential role in experience. At first quite uncompromisingly (Corrubedo), it has gradually changed scale (Vite), being diluted into the limit-of-the limit (Arosa), to finally dissolve into the place itself conceived as circumstance (Veigue). The limit of the passageway in Valdoviño, rotating the underlying scheme (something which occurs to a certain extent in Vite and the Collegiate Museum, too), nevertheless renounces, by contradiction, the notion of the axis, returning instead to the primordial sense of the path, even if only as a premonition (El Carballo).

The succession of limits and enveloping skins in his most recent work (Veigue, La Coruña museum) takes us in the direction, very probabily, of a return to the origin. The inversion of the form, the non-existent «facade» as a resource, folding in on its own interior, declining, perhaps, explicitly to declare what it «is in itself», or is not in any way, brings us once again to De la Sota, to Kahn, to Asplund, ...or a least to penetrating readings of certain of their propositions. If ultimately it seems necessary to resort to the mediation of magic to enter into communion with nature and culture, to recover the loss of Art, it will not in any case be the fault of those who have committed everything to clarifying their enterprise, but of those who let themselves be carried along by the general foolishness and stupidity which has thrived in the absence of values.

The obsession with configuring, in the limit, the form of the place has led Gallego to experiment with texture and materials. If, above all at the outset, it was the renderings and prefabricated elements which were given the task of endowing the limits with their character, seeking perhaps to normalise the irregular, there is an evident turning towards the colour and the expression of the textures of natural materials: stone, wood, in deliberate contrast with metal and glass. Tradition and the modern culture of the hand in a mannered attempt at tracing a sign and leaving a personal mark in a shared space.

La secuencia espacial establecida por material y forma, concluye en una experiencia «conducida», que puede resultar contradictoria con la ambigüedad, potenciada o pretendida, de unos lugares compartidos. Probablemente por ello, además de las cualidades perceptivas del fluir espacial, hay toda una tradición reciente que acentúa las alternativas de los recorridos. Frente al simple fluir puede plantearse un recorrido equívoco, intermedio entre la obligación y la sugerencia, próximo a la «enfilade», que en la tradición local puede entroncar en la solana-galería. Existe «equívoco direccional» (los emparrados pueden considerarse en esta línea); es también un recurso y referencia en la arquitectura de Gallego (Museo de la Colegiata, El Carballo, Vite, Valdoviño, Arosa, incluso las viviendas de Eiris, pueden entenderse de este modo), desempeñando en ella un papel articulador de la experiencia.

Hoy, que parecen agotadas muchas vías, aparentes desarrollos de la tradición moderna, empiezan a volverse muchas miradas a las fuente mismas de su origen. Buscan en ellas renovarse para seguir corriendo en lo que piensan sea el camino de la gloria. Se dan precipitadas adhesiones a presuntos magisterios, se intenta hallar fuera lo que llevamos dentro. Con los ojos empañados, difícilmente vemos los ejemplos que señalan caminos accesibles sólo con el esfuerzo.

Empieza a ser notorio que J. Manuel Gallego, en estos momentos, es un ejemplo. Ha superado la dependencia del maestro y puede empezar, para otros, a serlo.

The spatial sequence established by material and form concludes in an experience of being «guided» which might seem to be at odds with the ambiguity –provoked or assumed– of communal settings. Probably on account of this, in addition to the perceptual qualities of the spatial flow, there is a whole recent tradition of accentuating alternative itineraries.

As opposed to a simple flow this might posit an equivocal itinerary, somewhere between an obligation and a suggestion, comparable to the «enfilade» which local building tradition would have connect with the sun lounge-gallery. This «wrong turning» (the vine arbours can be taken to belong in this line) is a resource and a reference in Gallego's architecture, too, (Collegiate Museum, El Carballo, Vite, Valdoviño, Arosa, even the housing in Eiris, can all be understood in such terms) where its role is to articulate the experience.

Nowadays, when many avenues which had evidently developed from the modern tradition seem to be exhausted, many eyes are turning towards its sources, its origins. They hope to rejuvenate and renew themselves there, in order to return to the race they believe is being run on the path of glory.

In their eagerness to subscribe to the teachings of supposed gurus, they try to find outside themselves what we all carry within us. Blindfolded, it is far from easy to see the exemplary figures that point to paths which can be followed only through effort.

The word is beginning to spread that J. Manual Gallego is just such an exemplary figure. He has moved on from dependence on his «master», and can now start to exercise that function for others.

Despojar de lo superfluo al proyecto
(*Reconocer* la modernidad, *localizar* tiempo e invención)

Manuel Mendes

Stripping the project of the superfluous
(Recognnising modernity, localising time and invention)

Manuel Mendes

1. «La lógica de una idea es como un viento que nos embiste desde atrás, una serie de ráfagas y de embates. Creíamos que estaba en el puerto, y la descubrimos arrojada al amplio mar...» (G. Deleuze, en *La vie comme oeuvre d'art*, Pourparlers, 1990).

Antiguamente, pero no muy antiguamente, sublimaría el rito el hecho de que el *gesto*, en el proceso de estructuración física del espacio, reflejase el orden y los cánones contemplados en geometrías puras y exactas: cúbicas deberían ser las forma de los espacios, normalizada y segmentada la relación entre las formas de la vida y las formas de las cosas, límpidos y exactos los atajos, sobre todo las pistas; método, composición, construcción, inequívocos, precisos, codificados –universales, domesticados en el espíritu del tiempo–. En la limpidez de los análisis, de las deducciones, de las correspondencias entre forma y vida, se fue desenvolviendo un nuevo cuadro operativo, renunciando a algunos de los sortilegios a cambio de un estilo enjuto, lineal, transparente, con una suprema ambición: marcar, *monumentalizar* valores de la «nueva razón funcional como tentativa de reconquistar una razón objetiva en cuanto posible razón civil».[1] Así se experimentó, se liberó la autenticidad y la gramática imperativa de un *nuevo gesto*. Nuevo gesto que se quiso sobreponer al mundo; blanco y puro, blanco, pero no ausente –agitador–. Entre obediencia y rebeldía, entre norma y transgresión, avanzó seguro de que todo le estaba permitido para ampliar la herencia, y de que todo le estaba permitido para dispararla. En el trayecto de la idea, en el tiempo y en los límites de la mente y de la mano, navegaron la frontera y el territorio «anulando la distancia de la significación representativa, imponiendo una presencia original», por lo que «en ese espacio son posibles todos los encuentros, y todo lo posible se vuelve real».[2]

En torno del *oficio* se profana la centralidad del fundamento reproducido como trivial sentido-común; en la explosión difractada del tiempo se insinúa el material para la construcción de una experiencia otra. Por algo insistentemente deletreado, se amaña el tiempo que lleva en sí marcadas otras huellas y donde ocurren historias de otras edades, donde el tiempo se ve penetrado de sabiduria y la unica soledad es la que no tiene pasado o la que del pasado se desolidariza. Entre signos, a la espera de la palabra, desvíos olvidados ya, hacia ahí nos empuja la arquitectura de J. Manuel Gallego renunciando a las metáforas de un contextualismo inhibidor o alienante, renunciando a las falacias de un «localismo» patriotero o metafísico.

1. «*The logic of an idea is like a wind which assails us from behind, a series of gusts and sudden assaults. We thought we had it safely in harbour, and we find it being carried out to the open sea...*» (G. Deleuze, in La vie comme oeuvre d'art, Pourparlers, 1990).

In the past, although not that far in the past, ritual used to be sublimated by the fact that the gesture in the process of physically structuring space, reflected the order and the canons contemplated in pure, exact geometries: the forms of spaces should be cubic, the relationship between the forms of life and the forms of things should be normalised and segmented, with direct connecting links that were limpid and exact, especially the tracks; method, composition, construction, unequivocal, necessary, precise, universally codified, domesticated in the spirit of the age. In the limpidness of analyses, of deductions, of correspondences between form and life, a new operative framework was being developed, rejecting some of the hocus-pocus in favour of a spare, linear, transparent style with one supreme ambition: to frame, to monumentalise the values of the «new functional reason as an attempt at reconquering an objective reason as a possible civil reason»[1]. In this way the authenticity and imperative grammar of a new gesture were experienced, were liberated. A new gesture which sought to impose itself on the world; white and pure, white yet not absent - rousing, stirring. Between obedience and rebellion, between rule and transgression, it advanced, sure in the conviction that everything was permitted in its aggrandising of its inheritance, and everything permitted in dissipating it. In the trajectory of the idea, in time and in the limits of mind and hand, they navigated the frontier and the territory «annulling the distance of representative signification, imposing an original presence», so that «in this space every encounter is possible, and all that is possible beomes real»[2].

Around the profession the centrality of the grounding reconstituted as trivial common sense is scorned; the material for the construction of another experience is insinuated into the diffracted explosion of the age.

Deciphered and spelt out with such insistence, there is a readying and ennabling of the age that carries within itself the traces of other marks, in which the histories of other times are acted out - where the age is penetrated by wisdom, and the only solitude is the solitude that has no past, or that which divorces itself from the past. Between signs, waiting for the word, all deviations now forgotten, it is in this direction that the architecture of J. Manuel Gallego pushes us, renouncing the metaphors

«Nada puede ser entendido como creativo sin las componentes de aventura y riesgo».[3] Y «como si el tiempo fuese un factor que condicionase la forma de entender y sentir»[3], llega, quizá, «la edad de otra experiencia: la de desaprender, la de dejar germinar la mudanza imprevisible que el olvido impone a la sedimentación de los saberes, de las culturas, de las creencias por las que atravesamos».[4] *Despojar al proyecto de lo superfluo* es, seguramente, una epecie de salvoconducto hacia la contemporaneidad de su proceso de creación-destrucción: esfuerzo poético legitimador, tranformador, conceptualizador de la relación entre la sensibilidad profunda de su cultura original y la memoria, lo que perdura –«sólo así se tiene la sensación de pisar terrenos que ya no son los más ortodoxos de la *cultura oficial»*[3].

2. «La idea moderna de la racionalidad global de la vida social y personal acabó por desintegrarse en una mirada de minirracionalidades de la vida, de modo que dejen de ser partes de un todo y pasen a ser totalidad presente en múltiples partes. Es esta la lógica de un posible posmodenismo de resistencia. ... La fragmentación mayor y más destructiva nos fue legada por la modernidad. Ahora, la tarea consiste en, a partir de ella, reconstruir un archipiélago de racionalidades locales, ni mínimas ni máximas, sino tan sólo adecuadas a las necesidades locales, sean ellas existentes o potenciales, y en la medida en que ellas fueron democráticamente formuladas por las comunidades interpretativas» (B. Sousa Santos, en *O Social e o Político na Transiçao Pós-Moderna*, 1988).

Aceptada la individualidad del gesto creativo –su *modo autobiográfico*– ni siquiera así el acto de proyectar depende del ejercicio exclusivo de la inspiración. Para J. Manuel Gallego «la arquitectura tiene que responder a temas relacionados con la idea, con la postura del hombre, de la individualidad del hombre creativo, dentro de la sociedad y de unas necesidades tecnológicas».[5] Otro tema es el «entender y transferir los conceptos generales de la cultura a la propia arquitectura que se está haciendo en lugar concreto».[5]

Por oficio o destino, concibe el *diseño* como permuta, valor, norma que hay que clarificar en persistente ajuste de rupturas y consensos que hacen de la experiencia taller colectivo de la razón del tiempo y del lugar. Encuentro tenso entre virtud y razón, la práctica artística del proyecto –su estrategia y su esfuerzo poético– *domestica una idea de/y método* en la que valores de uso, construcción y forma, interactúan en un designio y en una experiencia de comunicación y de significación. «Es evidente el deseo de huir de las retóri-

of an inhibiting or alienating contextualism, renouncing too the fallacies of a patriotic or metaphysical «localism».

«Nothing can be understood as creative without the components of adventure and risk»[3]. And «as if the age was a factor which conditioned the form of understanding and feeling»[3], arriving, perhaps, at «the age of other experience; that of unlearning, that of allowing the germination of the unforeseeable change which forgetting imposes on the sedimentation of the knowledges, the cultures, the belief through which we pass»[4]. The stripping of the superfluous from the project *is, surely, a kind of safeconduct on the journey towards the contemporaneity of this process of creation-destruction: a poetic effort which legitimises, transforms, conceptualises the relationship between a profound sensibility of his original culture and memory, that which endures* – «only in this way do you have the sensation of treading new terrain which is not yet the overly orthodox domain of official culture»[3].

2. «The modern idea of the universal rationality of social and personal life ended up disintegrating into a myriad of minirationalisms of life, such that they cease to be parts of a whole and become a totality present in multiple parts. This is the logic of a possible post-modernism of resistance. ...The greatest and most destructive fragmentation was bequeathed us by modernisn. The task now consists, taking that as the basis, in reconstructing an archipelago of local rationalities, neither minimal nor maximal, but simply suited to local needs, whether existing or potential, and in the extent to which they were democratically formulated by the inperpretative communities». (B. Sousa Santos, *in* O Social e o Político na Transiçao Pós-Moderna, *1988)*

Even accepting the individuality of the creative gesture –its autobiographical mode-, *not even then does the act of designing depend exclusively on the exercise of inspiration. For J. Manuel Gallego «architecture has to respond to issues related to the idea, to the stance of the individual, to the individuality of the creative individual within society, and to certain technological necessities»*[5] *Another issue is «to understand and transfer the general concepts of culture to the actual architecture being made in a particular place»*[5].

By profession or destiny, he conceives of design *as interchange, value, a rule which has to be clarified, in a continual adjustment of the rupture and consensus which make experience the communal workshop of the reason of time and place. A tensely charged encounter between virtue and reason, the artistic practice of the project –its strategy and its poetic endeavour– domesticates an idea of/and method in which values of use,*

cas historicistas en el uso del lenguaje y de referencias inmediatas. Los procesos racionales para comprender los problemas, los proceso de análisis y de construcción del proyecto, tienen que construir la idea que, en mi opinión, sostiene todo el proyecto. Se trata de una ética que obliga a no renunciar a todo eso, aunque signifique la destrucción del propio trabajo.»[2] Permanencia y transformación, argumentos cómplices en una *evasión* operante y operativa, se valoran y se convalidan en la consolidación de la integridad orgánica del hecho arquitectónico y del oficio, en la revelación del lugar específico contra la indiferencia del tiempo economicista y tecnocrático.

Indiferente a cualquier formalismo instrumentalizador de la historia, indiferente a cualquier artefacto construido en la esfera del sujeto narcísico por la racionalización de su complicidad festiva e histérica con todo lo que existe, concibe la construcción de la arquitectura como transformación/modificación del contexto ambiental: proceso que recoge sus frágiles materiales en la desnudez del mundo envolvente y en la prolongada memoria de la arquitectura, proceso en el que las grietas y clivajes provocados en lo existente son sugestión suficiente para la *construcción de la arquitectura* en la resolución precaria de su (in)comunicabilidad marginal y provisoria.

Prudente en el incendio de la modernidad como condición de una racionalidad nueva, se afirma la reserva experimental del acto arquitectónico en la expectativa de un procedimiento transformador del *territorio* de/y *oficio*: la fijación en la tradición de oficio como práctica artística y como disciplina; los equilibrios tensos y problematizantes entre *duración* y *acontecimiento*. Proceso en el que la praxis disciplinaria y la síntesis del proyecto interrogan y reflejan en la obra arquitectónica y en el paisaje la idea de continuidad y la conciencia de ruptura, el sentido de transformación o de adaptación/acomodación de los nuevos valores en la alteridad del orden social y cultural existentes. Idea de continuidad en la perspectiva que muestra E. Rogers: «...continuidad significa conciencia histórica; quiere decir esencia de la tradición en la aceptación de una tendencia que se define en la eterna diversidad del espíritu hostil a todo formalismo pasado y presente».

Insertando el gesto creativo en la perspectiva integradora del sistema más amplio deseable, como «reconstrucción de un archipiélago de racionalidades locales», J. Manuel Gallego argumenta la complejidad del *diseño* como un acto de cognoscibilidad descubierta de lo que estaba en entredicho por el culto del aprendizaje de la inteligencia; síntesis de libertad y orden en la medida en que la lucidez del *diseño* explica la

construction and form interact in a designation and an experience of communication and signification. «*The desire to flee from historicist rhetorics in the use of the language and of immediate references is evident. The rational processes for the understanding of the problems, processes for the analysis and construction of the project, have to constitute the idea which, in my opinion, sustains the entire project. This amounts to an ethic which obliges us not to turn away from all of this, even if it means the destruction of the work itself*»[2]. *Permanence and transformation, colluding arguments in an effective and operative* escape, *are validated and convalidated in the consolidation of the revelation of the specific place in opposition to the indifference of this age of economics and technocracy.*

Indifferent to any kind of instrumentalising formalism of history, indifferent to any kind of artifact constructed in the sphere of the narcissistic subject by the rationalisation of its festive and hysterical complicity with all that exists, he conceives of the construction of architecture as transformation/modification of the environmental context: a process which gathers together its fragile materials in the nakedness of the surrounding world and in the prolonged memory of architecture, a process in which the fissures and cleavages provoked in the existent are sufficient suggestion for the construction of architecture *in the precarious resolution of its marginal and provisional (in)communicability.*

Prudent in the conflagration of the modern as a condition of a new rationalism, the experimental reserve of the architectonic act is affirmed in the expectation of a procedure capable of transforming the territory of/and *the profession: the fixing on the tradition of the profession as an artistic practice and as a discipline; the tense and problematising equilibriums between the circle of slow transformation and the experience of conflictive resistance, between* duration *and* event. *A process in which disciplinary praxis and the synthesis of the project interrogate and reflect on the architectonic work and in the landscape the idea of continuity and the consciousness of rupture, the sense of the transformation or adaptation/accomodation of the new values in the alteration of the existing social and cultural order. An idea of continuity in the perspective revaled by E. Rogers: «... continuity means historical consciousness; it means the essence of the tradition in the acceptance of a tendency which defines itself in the eternal diversity of the spirit hostile to all formalism, past and present».*

Inserting the creative gesture into the integrating perspective of the widest desirable system, as the «reconstruction of an

experiencia de *resistir*, y la solidez del *diseño* explica la complicidad de la experiencia de *construir*.

3. «Entendí hasta qué punto el diseño es problema mental para realizarlo con la mano, con el pie o con la lengua, pero, desde luego, para no confudir "inteligencia" con "habilidad" (A. de la Sota, *Recuerdos y experiencias*, 1989).
«Permanezcan en la construcción directa y simple hasta que puedan llegar naturalmente al diseño del edificio por la naturaleza de la construcción» (A. de la Sota, 1989).

Formado en la Escuela de Madrid, J. Manuel Gallego hace evolucionar su entendimiento de la situación de la arquitectura y de la profesión a partir de una permanencia de tres años con Alejandro de la Sota. Es allí donde formaliza su procedimiento proyectual: 1) radicalización de la operación de *diseño* en la insistencia del método lógico, sistema en el que el proyecto se concibe y estructura a partir de una idea radical en su laboriosa tarea de afrontar la realidad; 2) decantación/manifestación de los riesgos del proyecto en la relación tensa entre realidad y *diseño*, proceso en el que la voluntad de abstracción se impone por la problemática domesticación de programa, lugar y construcción «en el deseo de autorreferencia, de orden interno que se pretende imponer a la realidad».[6] En la resolución del dualismo entre proyecto y realidad, la construcción de la arquitectura se provoca como voluntad de continuar el lugar: en torno del problema concreto, el esfuerzo de construir la idea, la lógica interna del propio proyecto se subliman y se materializan por la descomposición/asociación de fragmentos de lo real para la constitución de una nueva entidad en una insistencia en la idea sin apaciguamiento mimético, sin glorificación del ego del diseñador.
Intencionalmente opta por retornar a Galicia porque sentía la necesidad de volver al lugar de origen, de descubrir su cultura, de estudiar críticamente la arquitectura popular y de «entender si existía la posibilidad de hacer una arquitectura relacionada con todo eso y con todo lo que había estudiado, y que era toda la abstracción del Movimiento Moderno». «El estudio de la arquitectura popular fue como una confrontación, como si a través de esa cultura se pudiera hablar de una cultura universal y general.»[5] «Olvidar las arquitecturas del mundo, a no ser considerándolas como algo válido en su lugar y en su tiempo»[7] revela sólo la intención de pensar y construir arquitecturas para necesidades reconocibles, indagando las simientes de la calidad obtenida, persiguiendo la concisión, la precisión y el rigor en la reunión de un denso y estricto sistema

archipielago of local rationalities», J. Manuel Gallego argues for the complexity of the design *as an act of unconcealed intelligibility in what was prohibited by the understanding – a synthesis of freedom and order in the measure in which the lucidity of the* design *explicates the experience of* resisting, *and the solidity of the* design *explicates the complicity of the experience of constructing.*

3. «*I meant the point to which design is a mental problem to be carried out with the hand, with the foot or with the tongue, but, of course, in order not to confuse «intelligence» with «skill».*
(A. de la Sota, Recuerdos y experiencias, *1989*)
«*Stay in direct and simple construction until you are able to come naturally to the design of the building by way of the nature of construction». (A. de la Sota, 1989)*

Schooled in the Escuela de Madrid, Manolo Gallego evolved his understanding of architecture and of the profession on the basis of a three-years' stay with Alejandro de la Sota. It was there that he formalised his project-design procedure: 1) radicalisation of the design *operation by the insistence on the logical method, a system in which the project is conceived and structured on the basis of an idea which is radical in its laborious task of confronting reality; 2) exaltation/manifestation of the risks inherent in the project in the tense relationship between reality and* design, *a process in which the will to abstraction is imposed by the problematic domestication of programme, place and construction «in the desire for self-reference, for internal order which one seeks to impose on reality»[6]. In the resolution of the dualism between project and reality, the construction of architecture is provoked as the will to extend and continue the place; around the specific problem, the effort to construct the idea, the internal logic of the project itself is sublimated and materialised through the decomposition/association of fragments of the real in order to constitute a new entity in an insistence on the idea free of any mimetic appeasement, any glorification of the designer's ego.*
Gallego made a conscious decision to go home to Galicia because he felt a need to return to his place or origin, to discover his culture, to make a critical study of the popular architecture and to «find out if there was a possibility of producing an architecture related to all these things and to all that I had studied, that was all the abstraction of the Modern Movement». «The study of popular architecture was like a confrontation, as if it were possible, through that culture, to speak of a universal and general culture»[5]. «To forget the world's architectures, beyond

de materiales e *infraestructuras* por lo que se manifiesta y *localiza* la emoción primaria de construir.

Referenciando lo marginal como argumento de esta arquitectura despojada, táctil y constructiva, que asocia de manera transformadora la dureza y la singularidad del medio, la Vivienda en Santa Eugenia, la Vivienda Jorreto, el Mercado de Santa Lucía, o el Museo de Arte Sacro de la Colegiata, hacen circular las pautas del proyecto y el orden de las formas con la potencia de un nuevo gesto, la convalidación de la dimensión estética de la arquitectura, sin renunciar a atribuir un sentido al paisaje; en el medir y avanzar en profundidad la organicidad del problema arquitectónico, la admisión del programa como probabilidad de transgresión generada en la, y por la, investigación espacial y formal; insistencia en la tectonidad del muro como manifestación primaria de la determinación formal y volumétrica; insistencia en la artesanía del acto de construir, trabajada en un equilibrio armónico entre totalidad y detalle, expresado todo en un gusto por la construcción precisa y física.

En la oblicuidad siempre presente entre pensamiento, acto creativo y medio por el cual se traduce, la arquitectura del J. Manuel Gallego se presenta como «encuentro con la emoción»; y es entonces cuando una arquitectura se convierte en algo único entre las muchas otras arquitecturas posibles, y resulta independiente del arquitecto, en la medida en que adquiere capacidad de sugestión»[3].

considering them as something valid in their own place and time»[7] reveals the determination only to think and construct architectures for recognisable needs, searching out the seeds of the quality obtained, pursuing conciseness, precision and rigour in the putting together of a dense and strict system of materials and infrastructures *with which to manifest and localise the primary emotion of building.*

Making reference to the marginal as an argument in this naked architecture, tactile and constructive, which achieves a transforming association of the hardness and the singularity of the medium, the house in Santa Eugenia, or the Jorreto housing, or the Santa Lucía market, or the Collegiate museum of Sacred Art making the lines of the project and the order of the forms circulate with the potency of a new gesture, the revindication of architecture's aesthethic dimension, without neglecting to give meaning to the landscape; in the surveying and advancing in depth of the organic nature of the architectonic problem, the admission of the programme as the probability of transgression generated in, and by, the investigation of space and form; the insistence on the tectonicity of the wall as primary manifestation of the formal and volumetric determination; insistence on craftsmanship in the act of building, put into practice in a harmonious balance between totality and detail, all expressed in a liking for precise, physical construction.

In the obliquity always present between thought, creative act and the medium in which it is translated, J. Manuel Gallego's architecture reveals itself as an «encounter with emotion»; and it is at this point that an architecture becomes something unique amongst the many other possible architectures, and achieves independence from the architect, in the measure that it takes on a capacity to suggest» (3).

Notas

1. V. Gregotti, «Necessita della Teoria», en Editorial *Casabella*, 1984.
2. A. Ramos Rosa, «A Poesia e o Humano», en *Poesía, Liberdade, Livre*, 1962
3. J. Manuel Gallego, «Entrevista», en *Quaderns* 178.
4. Roland Barthes, *Liçao*, 1977
5. J. Manuel Gallego, «Entrevista», en *Obradoiro* 16.
6. Alejandro Zaera, «La Realidad y el Proyecto», en *Quaderns* 181/182.
7. Alejandro de la Sota, *Palabras a los Alumnos de Arquitectura*, 1959.

Notes

1. V. Gregotti, Necessità della Teoria, *Editorial Casabella, 1984*
2. A. Ramos Rosa, «A Poesia e o Humano», in Poesia, Liberdade, Livre, 1962
3. J. Manuel Gallego, Interview, *Quaderns 178*
4. Roland Barthes, Liçao 1977
5. J. Manuel Gallego, Interview, *Obradoiro 16*
6. Alejandro Zaera, La realidad y el Proyecto, *in Quaderns 181/182*
7. Alejandro de la Sota, Palabras a los Alumnos de Arquitectura, 1959

Vivienda unifamiliar
Cabo Corrubedo, La Coruña

En un paisaje horizontal de grandes horizontes y campos de dunas, fuerte viento y cercados de piedra para los sembrados, la casa se pega a la tierra y quisiera pasar inadvertida.

Se construye un muro, se define el lugar habitable. En él, huecos para cobijo del viento, tomar el sol, plantar,...

Una parte cerrada es la construcción: la casa, que se piensa para ser construida por los albañiles del lugar, muros y forjados de ladrillo con revocos.

Un mirador se eleva sobre el muro y da la espalda a los fuertes vientos.

Private house
Cabo Corrubedo, La Coruña

In a horizontal landscape of wide horizons and expanses of dunes, with strong winds and stone walls around the cultivated fields, the house clings fast to the earth and tries to pass unnoticed.

A wall is built, a habitable space is defined. In it, openings, for shelter from the wind, to bask in the sun, to plant...

An enclosed part of the construction: the house, designed to be built y the local builders, with walls and ceilings of rendered brick.

A belvedere rises up above the wall, turning its back to the strong winds.

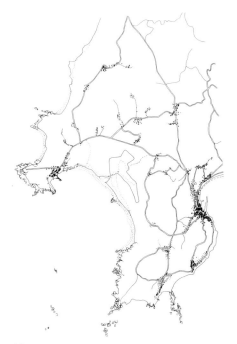

Emplazamiento, vista del lugar, planta, alzado y la
casa con su entorno

*Site plan, view of the site, floor plan, elevation and
view of the house in its setting.*

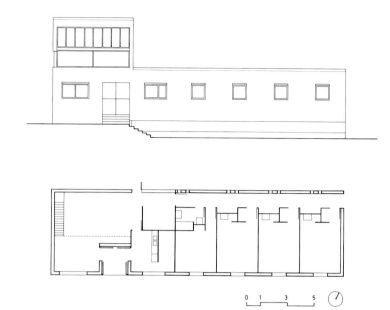

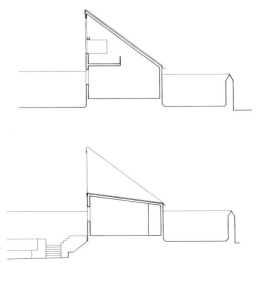

Grupo de 176 viviendas en Vite
Santiago de Compostela, La Coruña

Grupo de viviendas que la Administración Central (INV) promueve con sujeción a las Normativas de Viviendas de Protección Oficial.

Las Normas de Protección, por la proximidad de Santiago, obliga al uso de galerías y teja en cubierta. La construcción es muy económica.

El proyecto propuso un cambio en el planeamiento que en principio se planteaba en bloque abierto. La parcela está en el borde del Polígono. Las orientaciones, vistas, topografía y forma de la parcela apoyaba esta decisión. La construcción de un solo edificio, que al tiempo fuese soporte de una vía peatonal, reforzaba el buscado carácter unitario de la actuación, al tiempo que organizaba la resistencia a través de un eje de espacio semipúblico, matizado.

Así se sustituye el efecto de barrera por algo no sólo permeable sino que sirve de nexo entre los espacios de sus dos fachadas. Con esto se facilita diluir el borde del polígono e integrarlo con el entorno, objetivo prioritario.

La organización de las viviendas también quiere responder a estos criterios.

Group of 176 houses in Vite
Santiago de Compostela, La Coruña

A group of houses promoted by the Central Administration (INV) and subject to the planning regulations for state-sponsored housing.

On account of the proximity to Santiago, the regulations stipulated features such as galleries and tiles for the roof. The construction is extremely economical.

The scheme proposed a change in the planning, which initially called for an open block. The site is on the edge of the estate. The orientations, views, topography and form of the site all favoured this decision. The construction of a single building which in time would support a pedestrian walkway reinforced the unitary character sought for in the intervention, at the same time organising the residential development by means of an axis of semi-public space with subtle changes in emphasis.

Thus the barrier effect was replaced by something not only permeable but able to act as a nexus between the spaces of its two facades, making it easier to diffuse the border of the estate and integrate it with the rest of the setting –a priority objective.

The layout of the houses also attempts to satisfy these criteria.

Emplazamiento, vista del conjunto, secciones y planta general

Site plan, view of the complex, sections and general plan

Páginas siguientes: planta tipo y diversos fragmentos de las fachadas y de la planta baja

Following pages: typical floor plan and various partial views of the facades and the ground floor

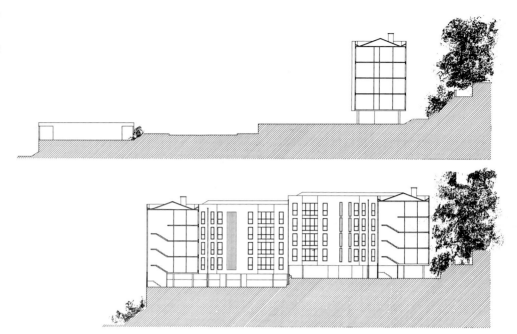

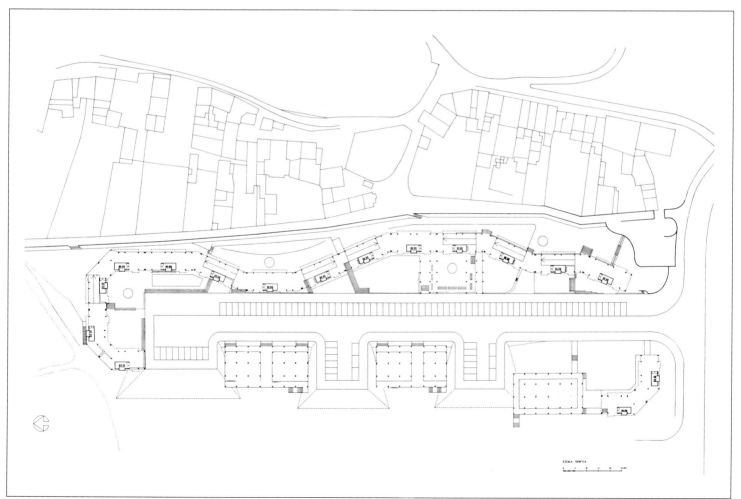

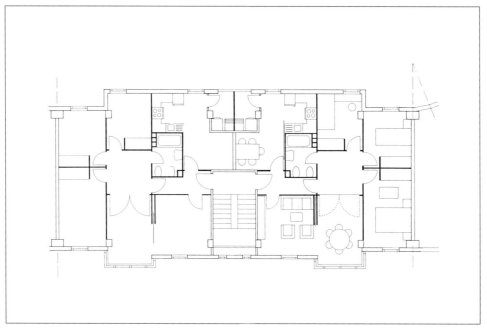

Vivienda unifamiliar El Carballo, Oleiros, La Coruña

Vivienda unifamiliar para el autor, en los alrededores de La Coruña.

Se quiso indagar sobre la posibilidad de generalización del tema de su conceptualización, entendiendo la vivienda como un lugar sobre el que se vive, se construye la vida. Y ésta, sobre un entramado de referencias ordenadas.

Así, proyectar una vivienda podría ser también encontrar un orden y ése sería la referencia para ir diferenciando y recreando el espacio.

En su construcción, los materiales, sus proximidades, reacciones, texturas, dimensiones y proporciones harán real la arquitectura. Su ajuste acertado y sensible la podrá hacer sugerente.

La abstracción que subyace debe dar una dimensión más rica a un lenguaje realista y sencillo.

Private house El Carballo, Oleiros, La Coruña

A house for the architect and his family on the outskirts of La Coruña.

The aim here was to explore the possibility of generalising the theme, conceptualising it, approaching the house as a place on which people live, on which they construct their lives. All this, moreover, laid out over a framework of ordered references.

In this way the designing of a house could also be the discovery of an order, and this would serve as the reference for the subsequent differentiation and recreation of the space.

In its construction, the materials, their juxtapositions, reactions, textures, dimensions and proportions would make the architecture real. The skill and sensitivity with which they were handled could make it suggestive.

The underlying abstraction should serve to give a richer dimension to the simplicity and realism of the language.

Emplazamiento, fachadas y plantas

Site plan, facades and floor plans

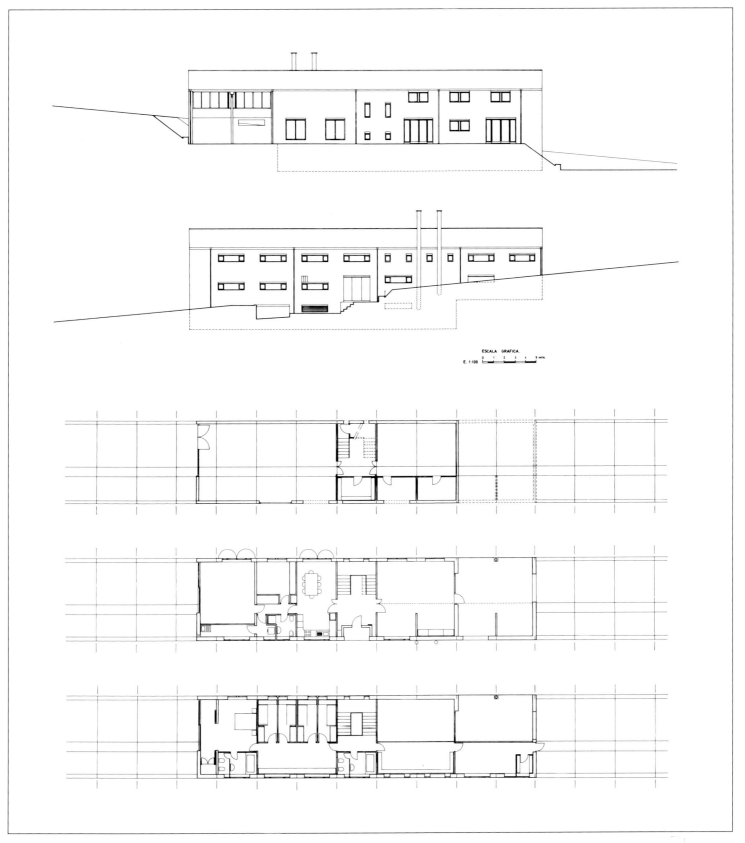

ESCALA GRAFICA.
E. 1:100   0 1 2 3 4 5 mts.

Mercado de Santa Lucía, La Coruña

Santa Lucia market, La Coruña

El Ayuntamiento de La Coruña construye el Mercado en el antiguo solar del mercadillo de St³ Lucía, mediante concesión administrativa. La empresa concesionaria con su propuesta ganadora sirve de directriz al proyecto.

Los condicionamientos abundantes estrechan el campo de acción, no la actitud. Se busca la claridad orientativa interior y la referencia exterior dentro de su incorporación a las alineaciones en la manzana, negando la fachada a modo de vacío, con el color cambiante del día. Se utiliza el vidrio armado como revestimiento.

The City Council of La Coruña constructed the Market on the space formerly occupied by the Santa Lucia market on the basis of the administrative cession of the site. The company awarded the franchise directed the project.

The numerous restricting factors narrowed the field of action, but not the approach. The scheme looked for clarity of interior orientation and exterior reference within its incorporation into the alignments of the city block, negating the facade in the manner of a void, its colour changing throughout the day. Toughened glass was used for the outer skin.

Plantas, alzado, sección y boceto en perspectiva

Floor plans, elevation, section and perspective sketch

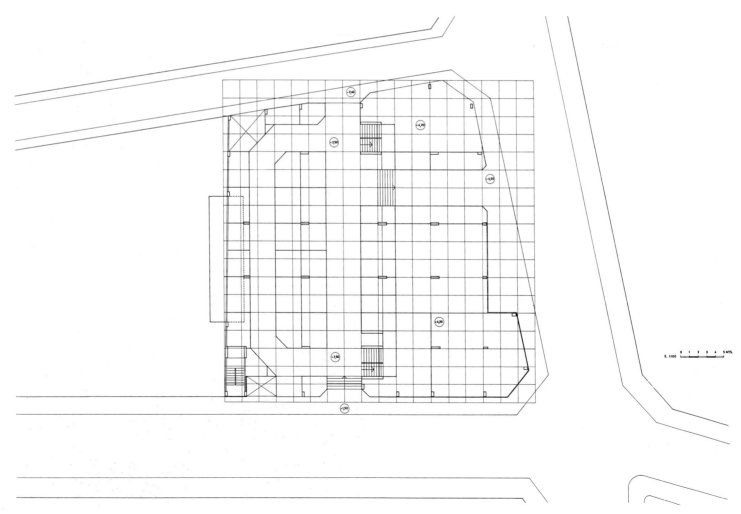

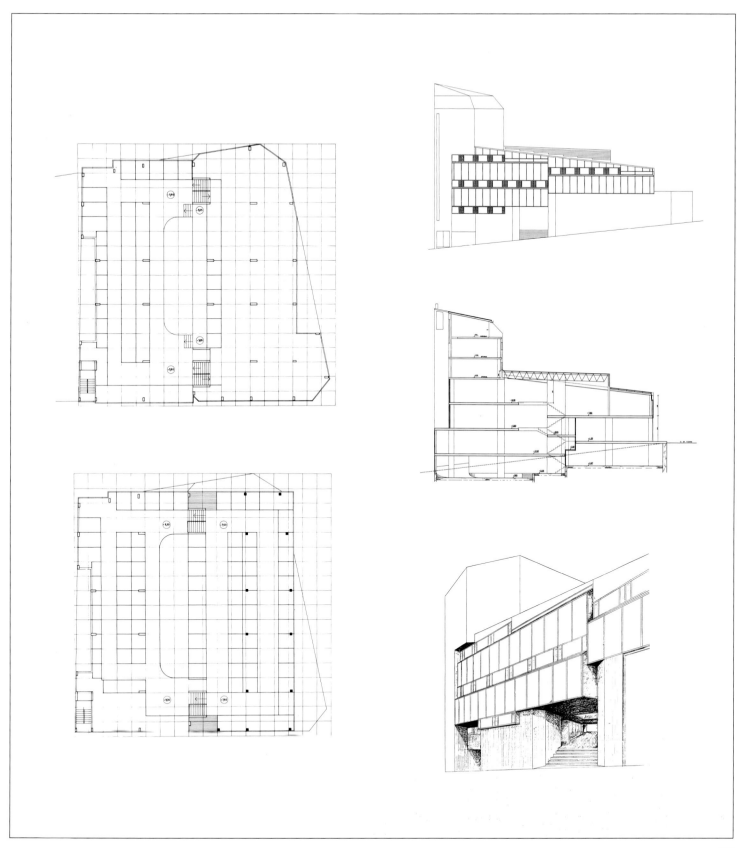

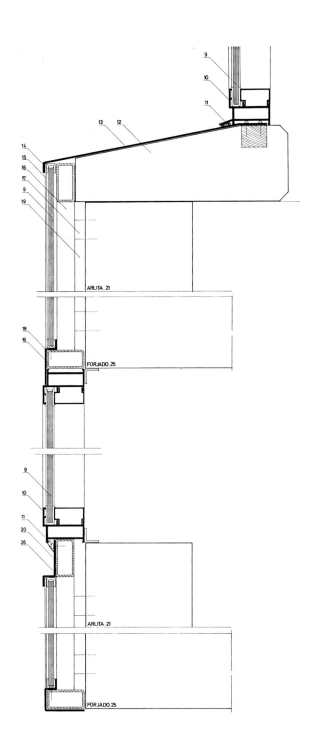

Fragmentos de la fachada, vista del interior y secciones constructivas

Partial views of the facade, view of the interior and construction sections

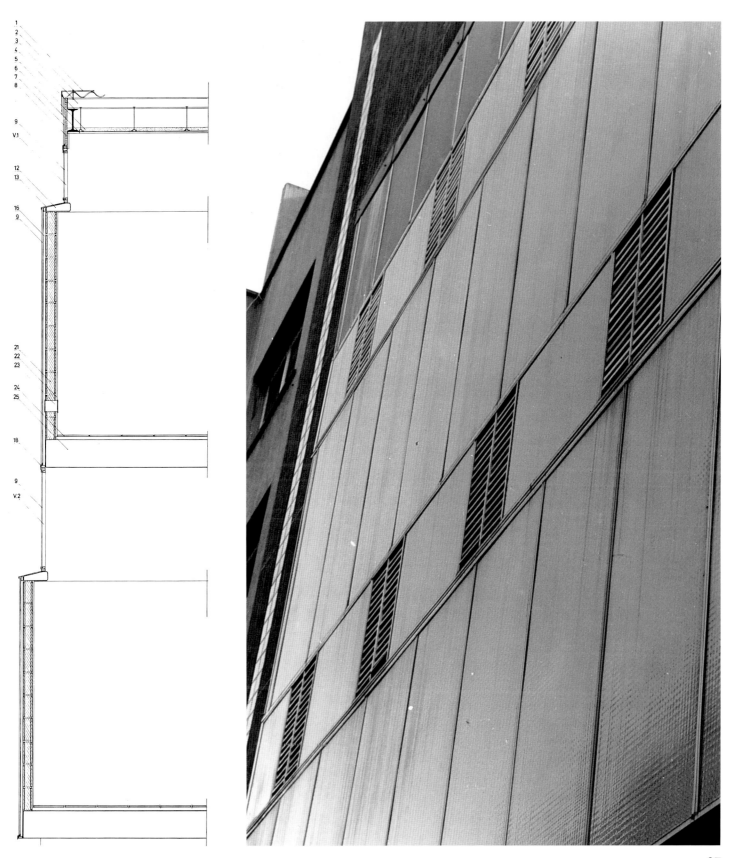

1
2
3
4
5
6
7
8

9
V.1

12
13

16
9

21
22
23

24
25

18

9
V.2

1979-1982

**Vivienda y estudio para un pintor
Isla de Arosa, Pontevedra**

*House and studio for a painter
Isla de Arosa, Pontevedra*

Colaboradores: Carlos Trabazo y E. Ortiz

Collaborators: Carlos Trabazo and E. Ortiz

Se han tenido en cuenta las dificultades de transporte de material, las carencias en el solar de agua y luz y un planteamiento muy económico. Una pequeña estructura soporta muros de carga de bloque. Ventanales prefabricados de hormigón de dimensiones reducidas que no permitan el paso. En el interior, madera.

Vivienda al borde de no serlo y sí un mínimo refugio muy económico, casi extraño al lugar.

Se quiso pensar si aun en esta renuncia a la arquitectura, al fijarse al lugar, debería apropiarse de éste, matizándolo.

El conjunto no es casi nada porque si fuera con otros materiales y otra tecnología sería lo mismo. A través de su carácter marginal surge la reflexión de que para la creación es necesaria previamente la destrucción.

The difficulties of transporting the materials, the lack of water and electricity on the site, and a highly economical treatment were all borne in mind here. A small structure supports load-bearing walls of concrete block. The windows, which use proprietary concrete frames, are small, not intended for passage. Wood in the interior.

A house which comes close to not being one, a minimal shelter, extremely economical, almost alien to its setting.

There was a desire here to consider whether, in this renunciation of architecture, in occupying the site it should appropriate it, glossing and reinterpreting it.

The whole is virtually nothing, and would be just the same had other materials and other building techniques been employed. Manifest through its marginal character is the reflection that in order to create it is first necessary to destroy.

Bocetos y planta general

Sketches and general floor plan

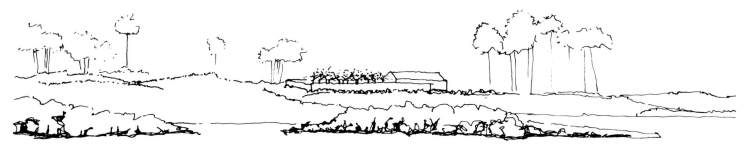

Páginas siguientes: planta, alzados, sección y diversas vistas del interior y exterior.

Following pages: plan, elevations, section and various views of interior and exterior

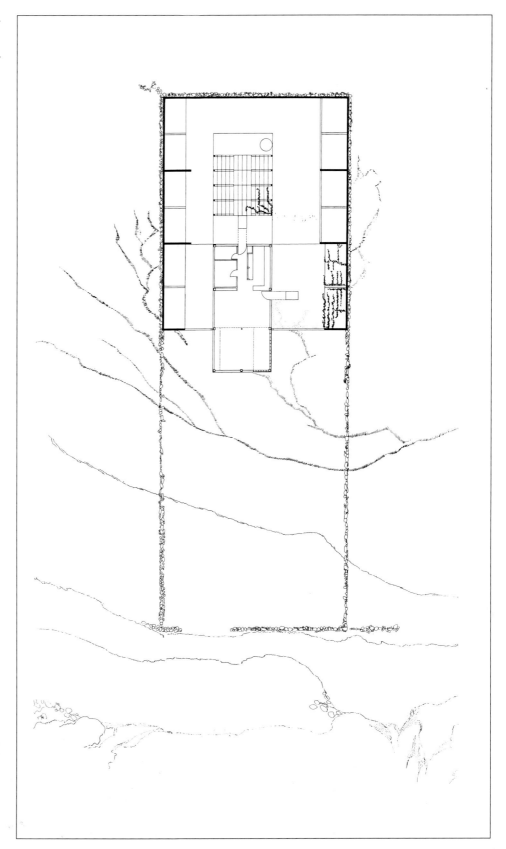

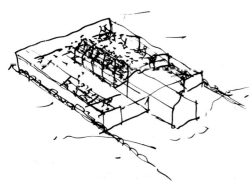

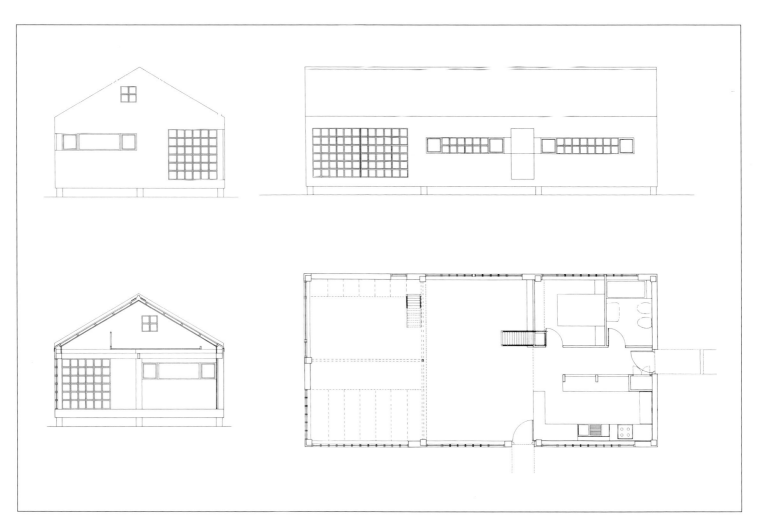

40

1981-1986

**Casa de la Cultura
Valdoviño, La Coruña**

*House of Culture
Valdoviño, La Coruña*

Construcción fraccionada en múltiples fases y muy lenta. En un hábitat disperso, con mímina consolidación, se propone la Casa de la Cultura como elemento capaz de organizar y crear espacio urbano.

El edificio se constituye en gran medida en obra pública; más que una Casa de la Cultura es así un espacio de diversión y aglutinante de atracción social. Es una plaza, campo de la fiesta y espacios cerrados, ordenados y articulados: cafetería, club, salón de actos, biblioteca.

The construction was split up into a number of phases and was very slow. In the midst of a scattered habitat with a minimum of consolidation, the House of Culture was proposed as an element capable of organising its surroundings and creating an urban space.

The building is largely constituted as a public work, and more than a House of Culture it is almost a recreational space and social focus. It is a plaza, an open space for community celebrations, with enclosed, ordered and articulated spaces: cafeteria, club, public hall, library.

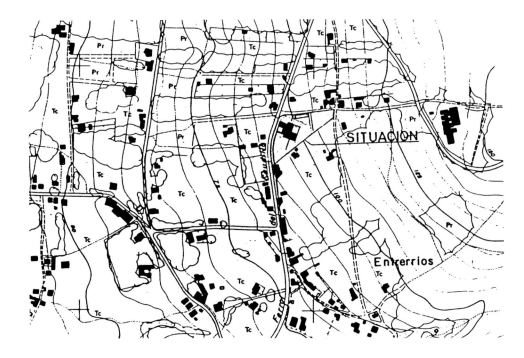

Situación, plantas y vistas del exterior

Setting, floor plans and views of the exterior

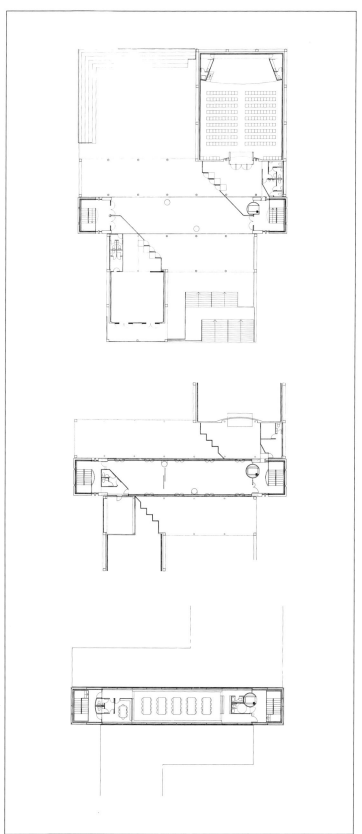

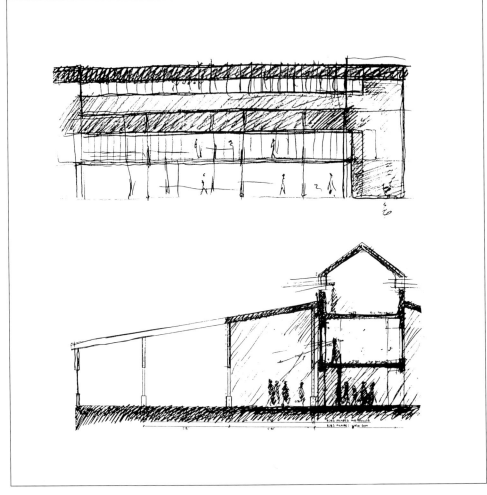

Bocetos, alzados y diversos fragmentos del exterior

Sketches, elevations and various partial views of the exterior

1982-1987

**Museo de Arte Sacro
de la Colegiata
La Coruña**

*Collegiate Church Museum
of Sacred Art
La Coruña*

Se plantea el proyecto dentro de un estudio general de Ordenación del entorno de la iglesia. En un pequeño solar (4 x 8 m) contiguo a la Colegiata se instala un Museo para sus joyas. La dificultad de emplazamiento de la escalera sugiere su transformación en una escalera que busque la unidad y los posibles diferentes matices.

Su zona previa es de piedra. En la exposición, madera y luego moqueta y pasarelas metalicas. Se asciende, se aligera y hay más luz. El reducido espacio a modo de cofre se forma de moqueta y sobre él se expone.

The project was approached as part of a general study for the laying out of the area surrounding the Church. On a small site (4 × 8 m) adjacent to the Collegiate hurch, The Museum was constructed to house its treasures. The difficulty of positioning the stairway suggested that the whole be transformed into a flight of stairs, in pursuit of unity and the possibility of a series of different emphases.

This was originally a stone construction. For the exhibition space, wood, then carpet, and metal catwalks. Ascending, this becomes lighter and more luminous. The confined spaced, like a casket, is lined with carpet, on which the exhibits are displayed.

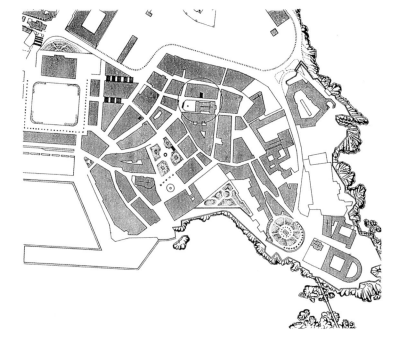

Emplazamiento, alzado general, planta y vista de la fachada con el graderío en primer término

Site plan, general elevation, floor plan and view of the facade with the steps in the foreground

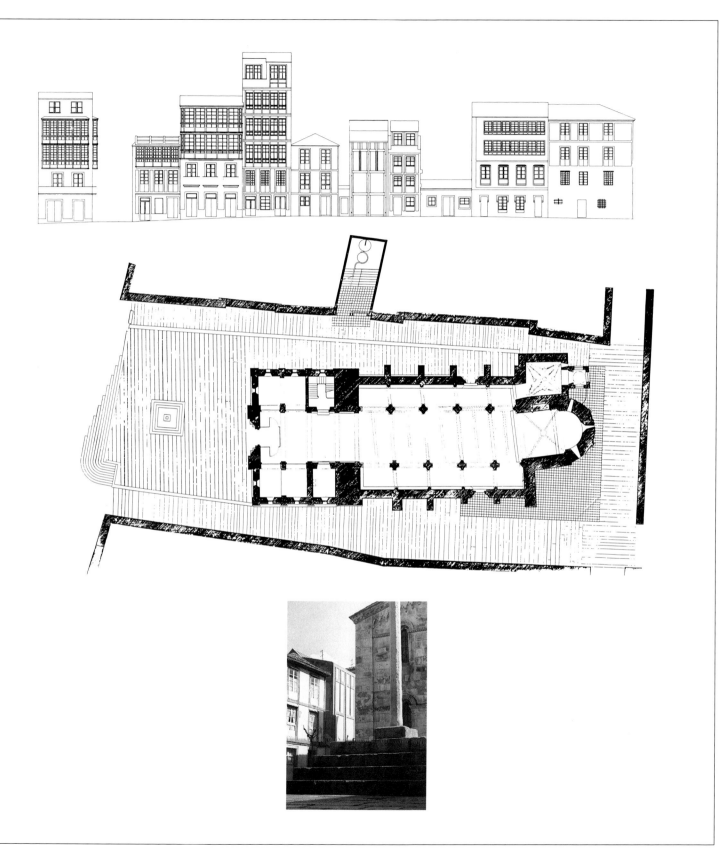

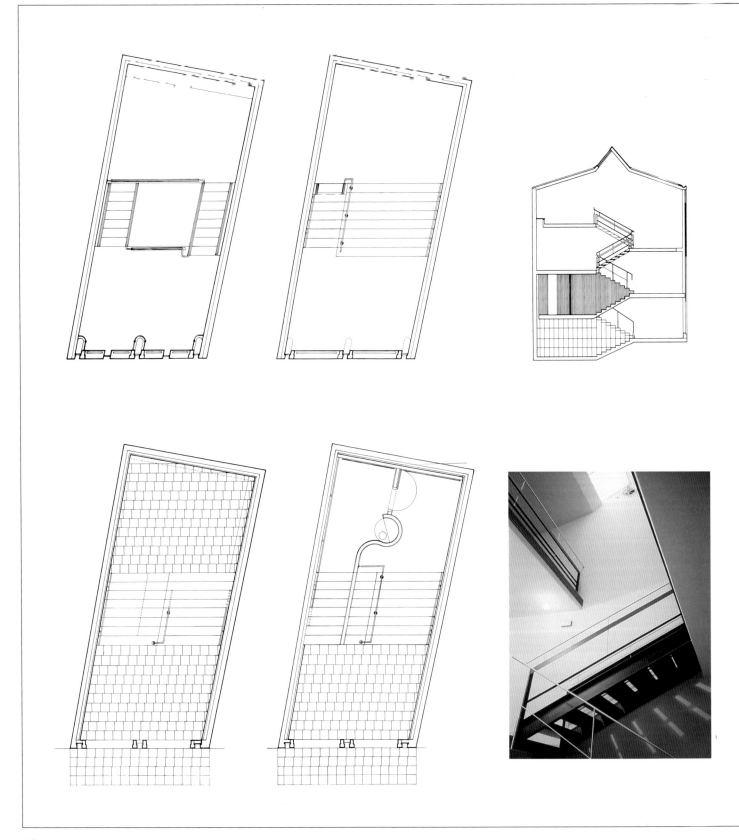

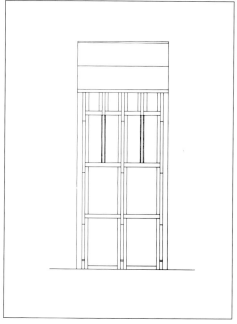

Plantas, sección alzado y vistas de la fachada principal y del interior

Plans, section, elevation and views of the main facade and the interior

Páginas siguientes: vistas del interior.

Following pages: views of the interior

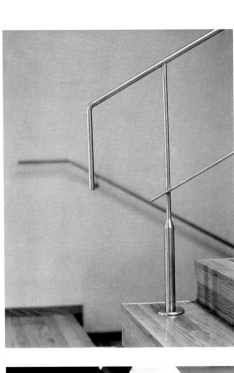

1985-1986

**Rehabilitación del edificio central
Conjunto de San Caetano
Santiago de Compostela, La Coruña**

*Rehabilitation of the central building
of the San Caetano complex
Santiago de Compostela, La Coruña*

Colaboradores: A. Baltar Tojo, J. Arsenio Diaz y J. E. Pérez Arda, arqtos

Collaborators: A. Baltar Tojo, J. Arsenio Diaz and J. E. Pérez Arda, architects

El edificio constituye, con otros dos laterales enlazados por pasos cubiertos y un palacete posterior, lo que se denomina Conjunto de San Caetano.

Fue proyectado en 1905 para Escuela Nacional de Sordomudos, se usó como Instituto de Enseñanza Media y antes como Hospital Militar y Cuartel, estando muy alterado por sus sucesivos usos. Se nos plantea su Rehabilitación para los Servicios Administrativos de la Xunta de Galicia.

La idea fundamental del proyecto es la de considerar este edificio como el elemento representativo del conjunto. Esta idea se desarrolla en: fortaleciendo su carácter de centralidad por los usos a que se destina, valorando su papel como elemento de enlace con los cuerpos laterales, considerando su espacio de distribución, como elemento noble del conjunto de edificios y ligando a él las dependencias comunes que se entierran algo, para pasar más inadvertidas.

The building, together with its two neighbours, connected by convered passageways and an outbuilding to the rear, constitutes what is known as the San Caetano complex.

This was designed in 1905 as a National School for the Deaf and Dumb, used as a middle school and before that as a military hospital and barracks, the building undergoing major alterations with each successive use. We were asked to refurbish and convert it for the Administrative Services of the Xunta de Galicia.

The fundamental idea behind the project is the consideration of this building as the representative element for the complex as a whole. This idea was developed: strengthening its central character, emphasising its role as linking element with the buildings to either side, regarding its distribution space as the noblest element in the complex of buildings and connecting this up with the communal spaces of the rest of the whole, which take something of a secondary role so as to attract less attention to themselves.

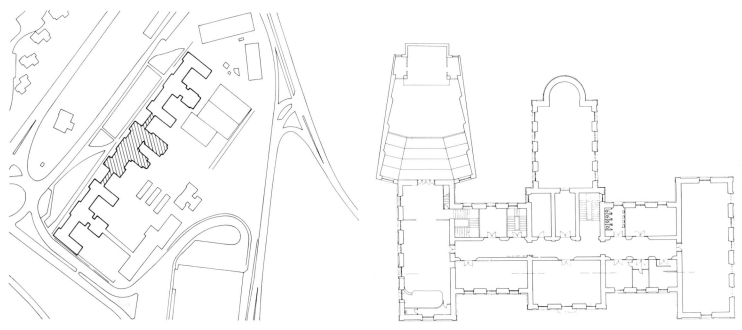

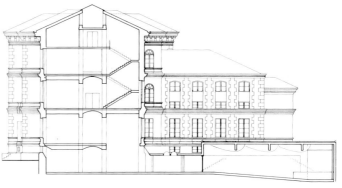

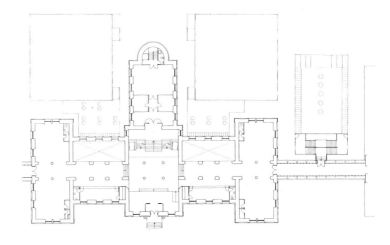

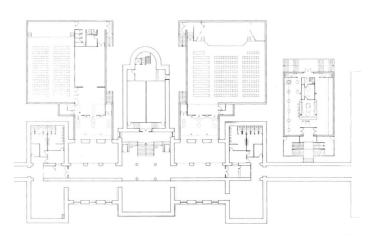

Diversas vistas del interior

Various views of the interior

1984-1989

Viviendas unifamiliares en Paderne San Pantaleón das Viñas, La Coruña

Private houses in Paderne San Pantaleón das Viñas, La Coruña

Proyecto de un grupo de 15 viviendas, local social y urbanización para una asociación de vecinos de un lugar rural.

Las viviendas son exentas por deseo expreso de los usuarios. Por su proximidad, los cierres se transforman en elementos separadores de las viviendas. Todo ello forma así un conjunto único. El control de proyecto se centra en las tramas generales que marcan las pautas compartidas y que representan el orden aceptado por los vecinos, que es la propuesta. Sobre la trama construyen sus tingladillos y sus plantas, con sus variaciones.

El conjunto es un proyecto claramente inacabado; parte se realiza por autoconstrucción.

A project for a group of 15 low-cost houses, community centre and urban design scheme, commissioned by a rural housing association.

The houses are all detached, in accordance with the express wish of the residents. In view of their proximity, the boundary fences have the role of separating the houses from one another. Thus the complex forms a unitary whole. Control of the project centred on the general framework which marks out the mutually agreed plan, representing the layout accepted by the residents as constituted by the scheme. This framework provided the basis for them to construct their dwellings, with their individual variations.

The complex is a clearly uncompleted project, partly built by the residents themselves.

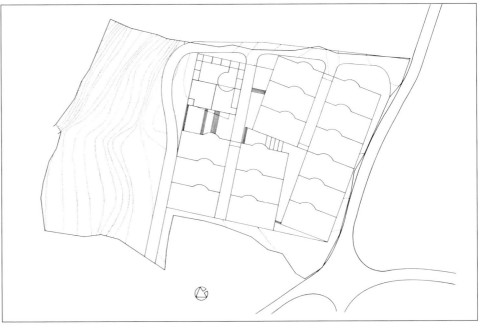

Emplazamiento, planta general y alzado

Site plan, general plan and elevation

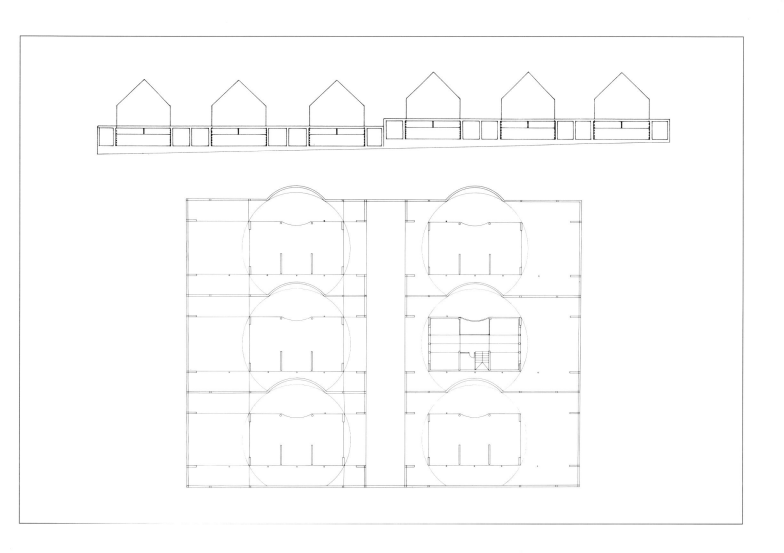

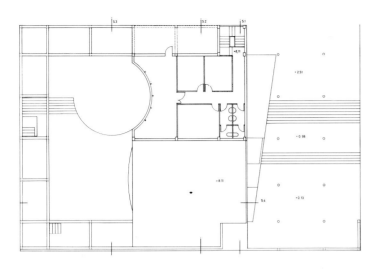

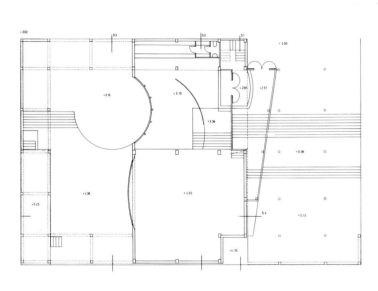

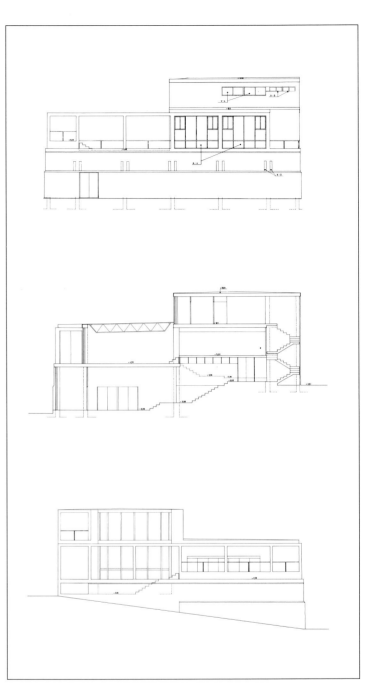

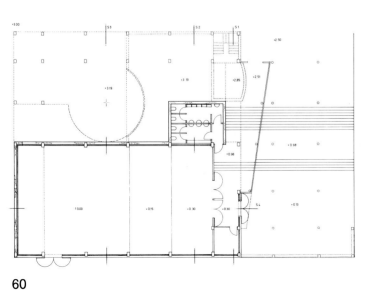

Plantas, alzados y vistas de la maqueta

Plans, elevations and views of the model

1986

Concurso restringido viviendas autopista M-30 Moratalaz, Madrid

Limited competition for housing by the M-30 motorway, Moratalaz, Madrid

Bocetos, emplazamiento, planta general, planta tipo y alzados

Sketches, site plan, general plan, typical floor plan and elevations

Dos problemas se plantean:

1. Proyectar una zona residencial con condiciones óptimas o razonables de habitabilidad (soleamiento y ruidos).

2. Definir un espacio, identificar un territorio (en las márgenes de la M-30) en una zona sin referencias próximas urbanas.

Se plantea un edificio pantalla, cuya geometría se genera por la propia tensión de la M-30.

Al mismo tiempo que el edificio se vuelve de espaldas a la Autopista, redefine su límite con ella.

Ponerse a cubierto del ruido no significa negar la M-30, el gran espectáculo y su posibilidad voluntaria de admirarlo.

El edificio se proyecta como un basamento mineral, en realidad un dique al que hay que subirse para ver la M-30. Este se subraya desde la Autopista y define ese terreno de nadie que es un borde urbano de una vía rápida.

El edificio pantalla y su zócalo adquiere una nueva escala urbana en conexión con la vía; en el interior se suaviza y se desarrolla la vida. A él se abren las viviendas ordenándose con las orientaciones óptimas.

Two problems were posed:

1. The designing of a residential area with optimum or acceptable living conditions (sunlight and noise).

2. The defining of a space, the identification of a territory (alongside the M-30) in an area with no nearby urban references.

The building acts as a screen, its geometry generated by the tension of the M-30 itself.

As the building turns its back to the motorway, it redefines its boundary with it.

Giving shelter from the noise has not meant denying the presence of the M-30 as a great spectacle and the option of enjoying views of it.

The building is designed as a mineral base, in fact a barrier which has to be scaled to see the M-30. This is emphasised on the motorway side, defining the no-man's-land which is the urban boundary of an expressway. The screen building and its plinth take on a new urban scale in connection with the traffic route, softening, on the interior, into a living environment.

The houses open onto this space, laid out so that each enjoys optimum orientation.

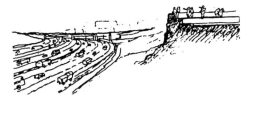

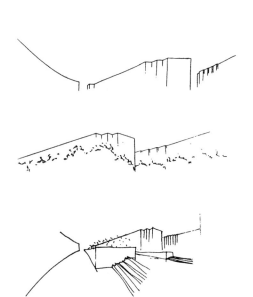

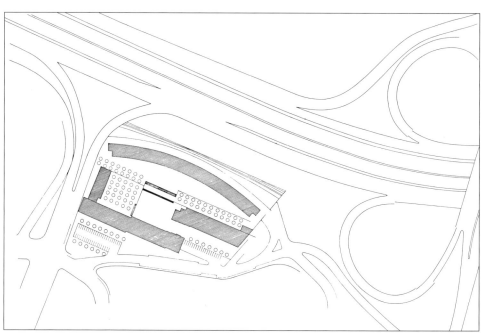

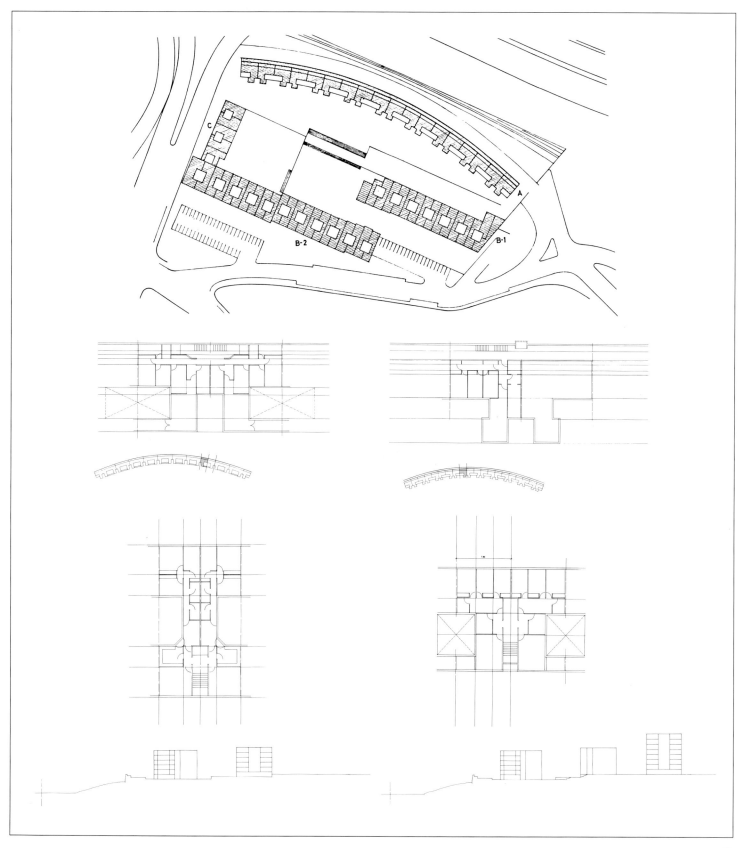

**Viviendas unifamiliares en Eiris,
La Coruña**

*Private houses in Eiris,
La Coruña*

El solar está situado en una zona de viviendas unifamiliares, aisladas y adosadas, en las afueras de la ciudad y apoyadas en la antigua carretera de Santiago a La Coruña.

Emplazadas en un alto, con fuerte pendiente y excelentes vistas y orientaciones, desde ellas se domina la ría y el mar. En realidad, ésta les condiciona más que la ciudad, que medio diluida entre lo verde oculta su desorden. Quizá por eso, mi atención se centró más en las ventanas.

El tipo de promoción hace que se diferencien las viviendas de arriba de mayor tamaño.

The plot is situated in an area of detached and semi-detached private houses on the outskirts of the city, looking onto the old road from Santiago to La Coruña.

Standing on high ground, with a steep slope and excellent views and orientations, the houses command the estuary and the sea. This, in effect, conditions them more than the city, its sprawl half-hidden behind the vegetation. Perhaps this is why my attention was focussed more on the windows.

The nature of the development was responsible for the siting of the larger houses on the upper part of the plot.

Sección longitudinal, vista general, planta y alzados

Longitudinal section, general view, floor plan and elevations

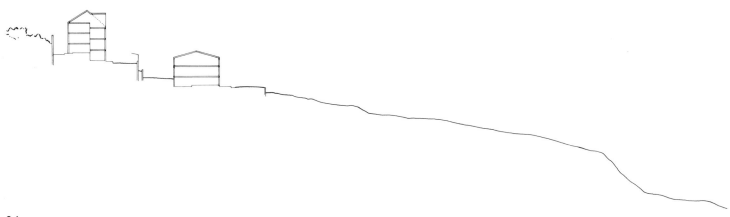

Páginas siguientes: plantas y diversas vistas de las fachadas

Following pages: plans and various views of the facades

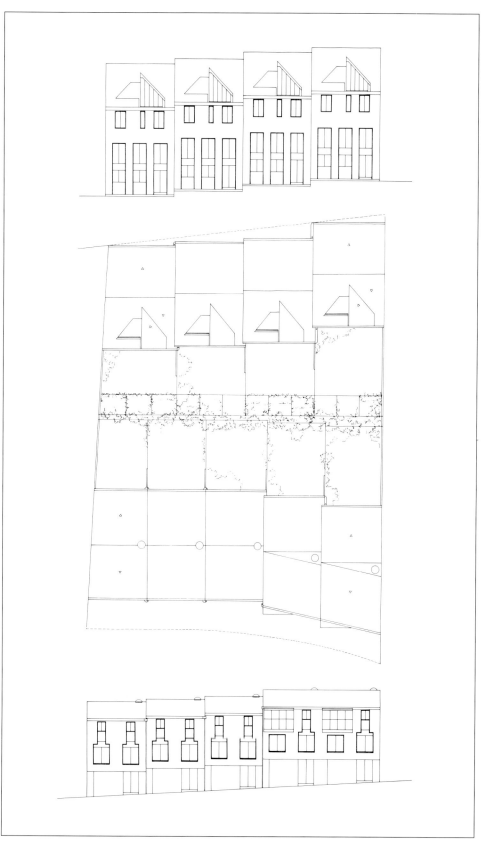

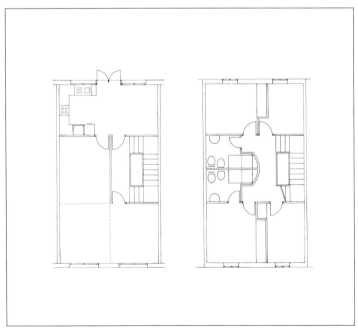

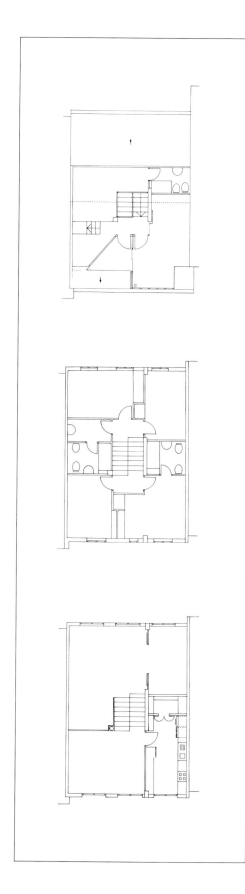

**Casa de la Cultura
Chantada, Lugo**

*House of Culture
Chantada, Lugo*

Colaborador: Antonio González Serrano, ingeniero

Colaborator: Antonio González Serrano, engineer

En el centro de Chantada se me encarga la rehabilitación de la Casa de los Lemos para Casa de la Cultura. El edificio no reúne ninguna condición constructiva ni de uso. Pero es un elemento importante en el paisaje urbano y en su significado como referencia histórica. Surge la reflexión sobre el límite y alcance de una rehabilitación.

Se mantiene el volumen envolvente, vaciando casi el edificio.

Se restauran estrictamente los paños verticales –la fachada– como si se restaurase un cuadro, adosándolo a un paño rígido (constituido por una viga perimetral colgada).

En la construcción del interior se utilizan pautas y referencias del orden antiguo y de las funciones nuevas. Pero aquí ya es otro mundo.

I was commissioned to carry out the conversion and refurbishment of the Casa de los Lemos as a House of Culture. The building did not meet any of the conditions of construction or use, but was nevertheless an important element in the urban landscape and in its significance as a historical reference. This prompted my reflections on the limit and scope of a refurbishment scheme.

The outer skin of the building has been maintained, while the interior has been virtually emptied.

The vertical stretches of the facade have been strictly restored, as one would restore an old painting, backed by the rigid vertical constituted by a hanging perimeter beam.

The construction of the interior makes use of guidelines and references to both the old order and the new functions, but that is quite another world.

Situación, boceto, plantas y axonometría

Setting, sketch, plans and axonometric sketch

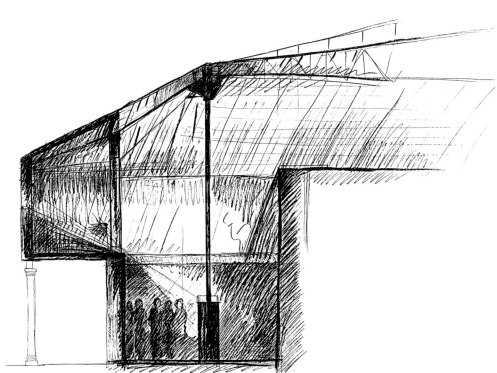

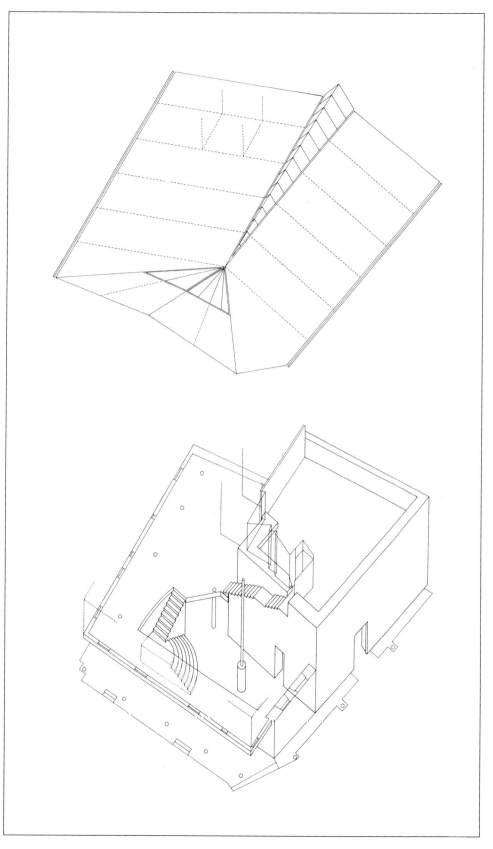

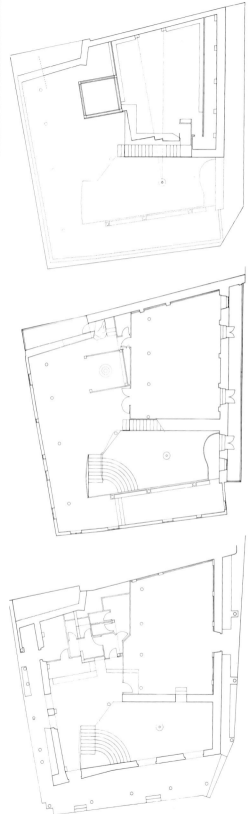

Diversos detalles del interior

Various detailed views of the interior

Museo de Bellas Artes
La Coruña

Museum of Fine Art
La Coruña

Se trata de construir el Museo Provincial de Bellas Artes en el antiguo Convento de Capuchinas, edificio del siglo XVII que actualmente sólo conserva su fachada principal y primera crujía.

El Museo comprende rehabilitación del antiguo edificio y nueva construcción que se desarrolla y ordena en una retícula.

La complejidad del Museo, sus diferentes zonas, se integran a través del espacio entre las dos actuaciones –lo viejo y lo nuevo– gran espacio acristalado donde se sitúa el acceso público principal. La conservación impuesta de escalas y referencias del antiguo edificio, se resuelven a través de la definición de un zócalo –piedra– marcado por el antiguo. El resto, paneles sandwich, elementos ligeros y vidrio.

Se piensa en no renunciar a la importancia del edificio como referencia y estructura urbana. Por lo tanto debe formalizarse con cierta independencia y abstracción de las pobres referencias inmediatas de su lugar de emplazamiento, fronterizo entre la ciudad histórica y los nuevos barrios de bloques abiertos.

The task here was to construct a Provincial Museum of Fine Art in the old Capuchin Convent, a 17th century building of which only the main facade and the first gallery remain.

The Museum project covered both the rehabilitation of the old building and the new construction, developed and organised within a spatial grid.

The Museum's complexity finds its different areas integrating by way of the space between the two parts of the scheme –old and new– in the great glazed space in which the main public access is located. The obligation to conserve the scales and references of the old building is resolved by means of the definition of a plinth –of stone– marked by age. The rest of the scheme employs sandwich panels and lightweight elements and glass.

The idea here was to preserve the building's importance as a reference, part of the urban structure. It thus asked for a formal treatment which would afford a degree of independence and abstraction from the poverty of the immediate references provided by its situation, on the boundary between the historic city and the new residential neighbourhoods with their open blocks.

Bocetos, emplazamiento, alzados, secciones y vistas de la maqueta

Sketches, site plan, elevations, sections and views of the model

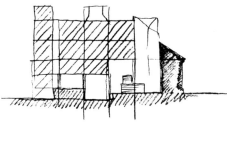

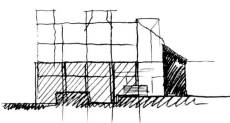

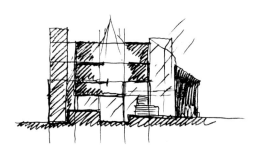

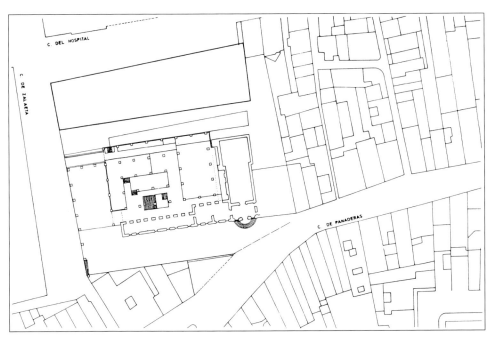

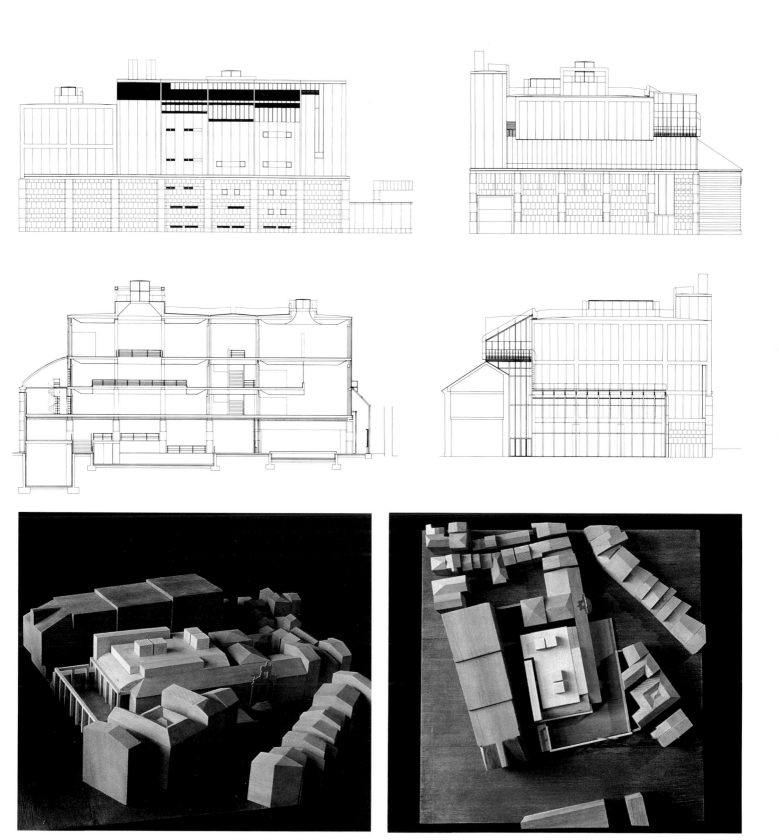

Plantas, secciones, vistas del entorno y de la maqueta

Plans, sections and views of the setting and the model

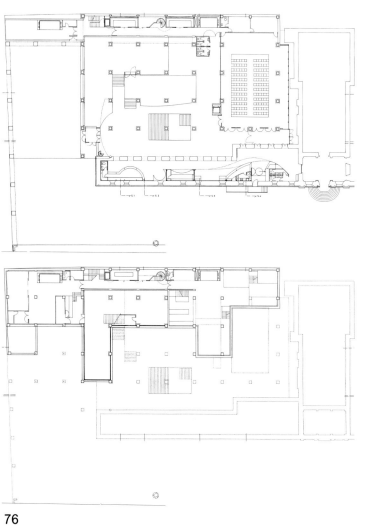

76

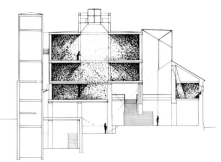

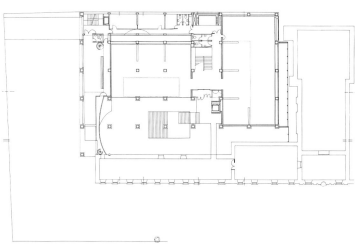

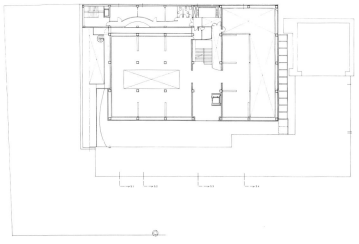

1988-1991

Viviendas unifamiliares en Veigue
Sada, La Coruña

Private house in Veigue
Sada, La Coruña

Vivienda unifamiliar de vacaciones en Sada, La Coruña, próxima a la costa, sitio aislado y con espléndidas vistas a la Ría.

Un nucleo cerrado defendido y caliente, de hormigón chapado de marmol en el exterior, tablero en el interior. Se puede abrir y ocupar otra arquitectura más ligera hasta marcar el espacio de fuera. Una barandilla, un entramado ligero y un suelo horizontal.

El resto debería ser el espacio natural y su vegetación, poco más.

Se usará según convenga, pero siempre habrá un posible refugio. Sobre la parte ligera la vegetación prenderá cada estación.

A holiday residence for a private family in Sada, La Coruña, near the coast, on an isolated site with splendid views of the estuary.

An enclosed nucleus, sheltered and warm, with marble-clad concrete on the exterior and wooden boards on the interior. This can be opened up to allow occupation of another, lighter architecture, going on to arrive at the demarcation of the external space. A railing, a framework and a horizontal floor.

The rest of the scheme was to consist of the natural setting and its vegetation, and very little else.

The house can be used in any way its occupants choose, but there will always be the possibility of shelter. In season, the vegegation will spread over the lighter part of the structure.

Planta general, secciones, vista del exterior, plantas y alzados

General plan, sections, view of the exterior, floor plans and elevations

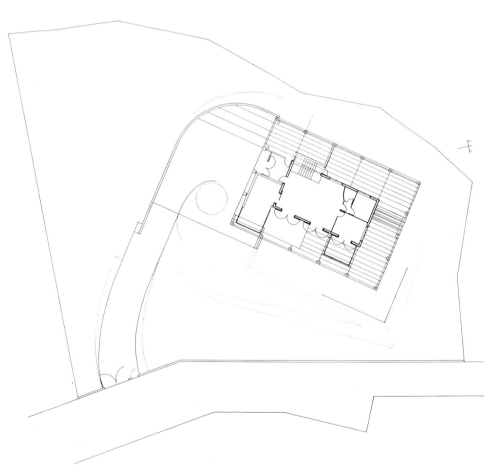

1989-1991

Viviendas adosadas en Pia de Maianca
Mera, La Coruña

En el pequeño pueblo de Mera, a 12 km de La Coruña, se proyecta una urbanización de viviendas unifamiliares adosadas, equipamientos mínimos y servicios.

Se intenta: en una urbanización de baja densidad y blanda, configurar como referencia fundamental un espacio público definido, construido y mineral.

Sus fachadas se conforman con el tratamiento de los envolventes de los paquetes de viviendas, a modo de manzanas. Fachadas públicas de ladrillo de gres, en contraposición de las fachadas interiores, abiertas, desgregadas, con revocos para ser pintadas, que configuran espacios más próximos a lo vegetal y que permiten preservar mejor la privacidad.

Semi-detached houses in Pia de Maianca
Mera, La Coruña

The scheme for a residential development in the little village of Mera, 12 km along the coast from La Coruña, includes the semi-detached houses, together with basic facilities and services.

Objective: to configure, as a fundamental reference within a bland, low-density housing development, a defined public space with a built, mineral character.

The facades consist of the treatment of the outer skin of the «packets» of houses, like blocks of dwellings. The public facades of glazed ceramic brick contrast with the interior facades, which are open, broken up, and rendered in readiness for painting, creating spaces more imbued with the character of the vegetation of their surroundings, allowing the residents greater privacy.

Bocetos, planta general, perspectivas y plantas tipo

Sketches, general plan, perspective and typical floor plans

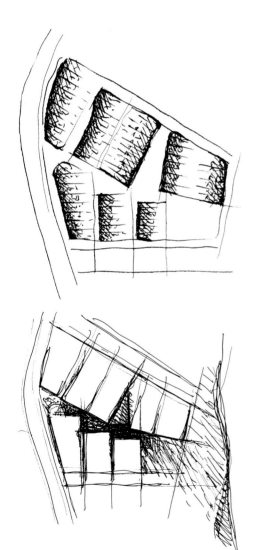

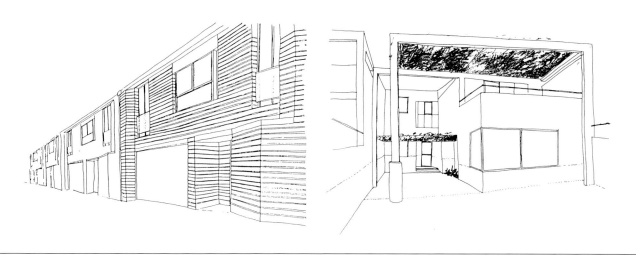

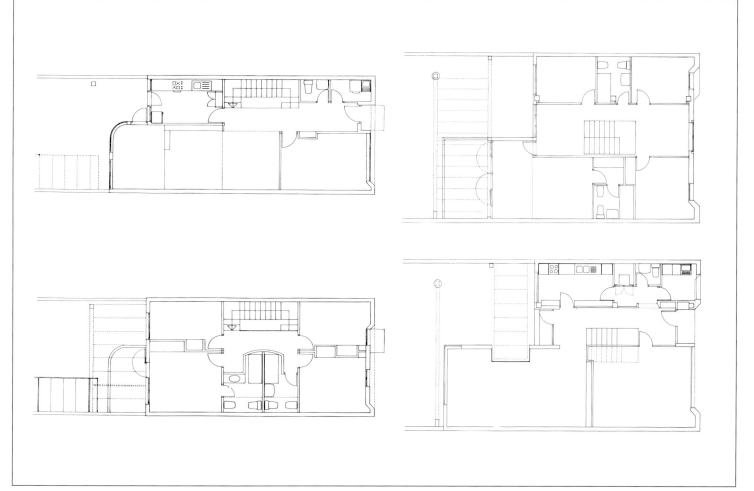

Otros trabajos/*Other works*

1967-1969   Viviendas en Santa Cruz, Oleiros, La Coruña

Housing in Santa Cruz, Oleiros, La Coruña

1968-1971   Viviendas en calle División Azul, La Coruña

Housing in calle División Azul, La Coruña

1969-1972   Viviendas en el Polígono de Elviña, La Coruña

Housing on the Elviña estate, La Coruña

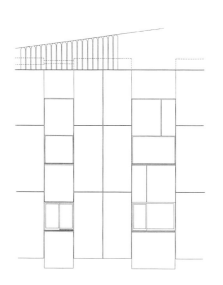

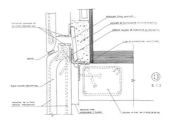

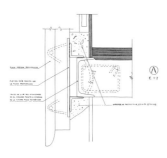

1974   Ayuntamiento de Forcarey, Pontevedra, concurso

Forcarey town hall, Pontevedra, competition

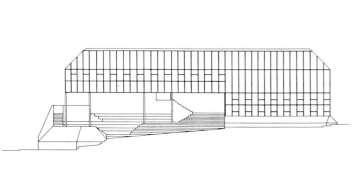

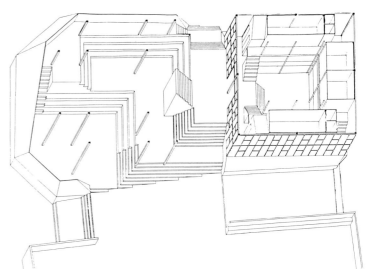

1974-1976   Viviendas en calle del Parque, La Coruña

Housing in calle del Parque, La Coruña

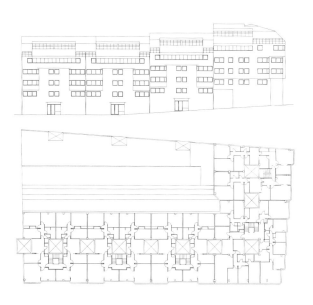

1975   Vivienda unifamiliar en Palmeira, La Coruña

Private house in Palmeira, La Coruña

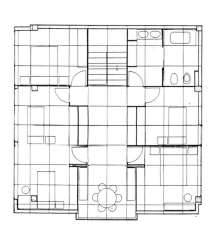

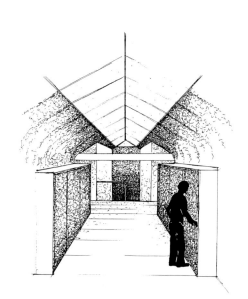

1975-1977   Viviendas en Malpica, La Coruña

Housing in Malpica, La Coruña

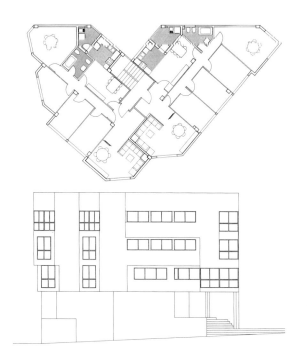

1977   Viviendas unifamiliares en Culleredo, La Coruña

Private houses in Culleredo, La Coruña

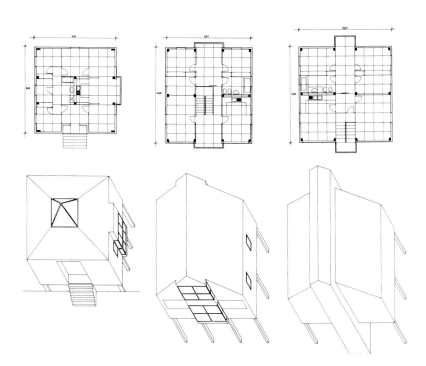

1977 Viviendas en el Polígono de Elviña, La Coruña

Housing on the Elviña estate, La Coruña

 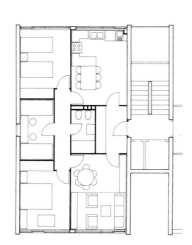 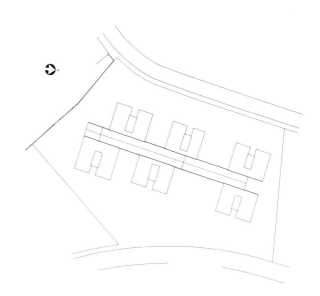

1977-1982 Viviendas unifamiliar en Eiris, La Coruña

Private house in Eiris, La Coruña

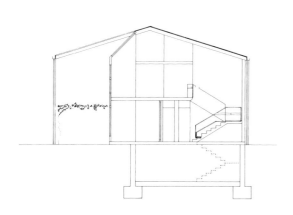

Vivienda unifamiliar en Veigue

Private house in Veigue

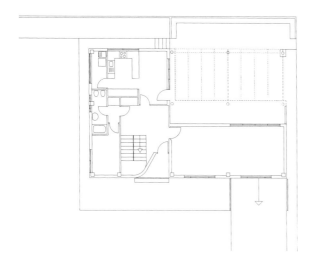

1984   Rehabilitación del Teatro Rosalía de Castro, La Coruña

Refurbishment of the Rosalía de Castro theatre, La Coruña

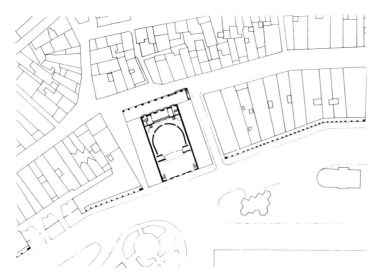

1989   Ordenación del Sector de Salgueiriños,
         Santiago de Compostela

         *General urban plan for the Salgueiriños
         sector, Santiago de Compostela*

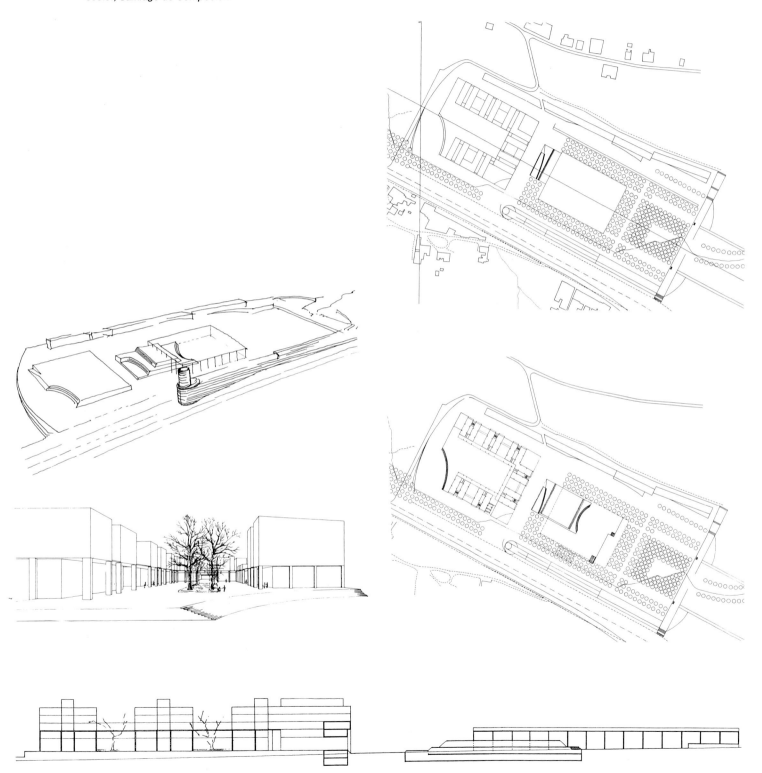

Ordenación Peri-10, Hotel Obradoiro,
Santiago de Compostela

*Peri-10 urban plan, Hotel Obradoiro,
Santiago de Compostela*

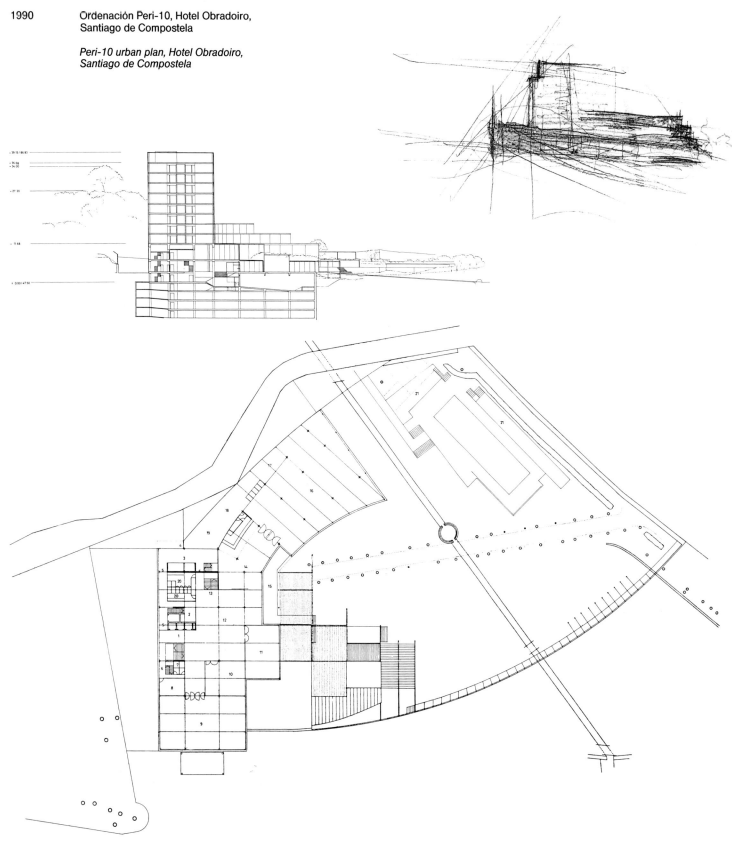

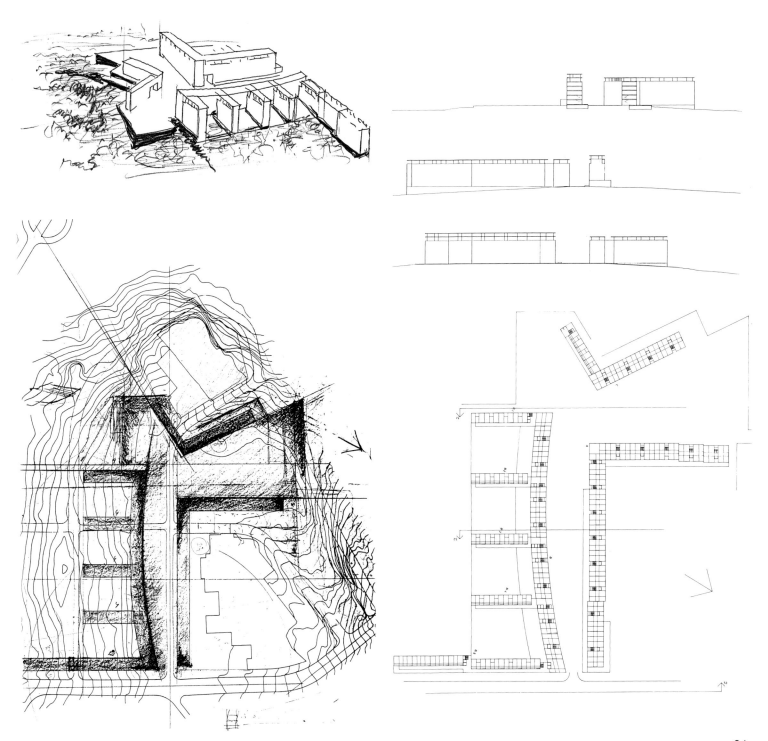

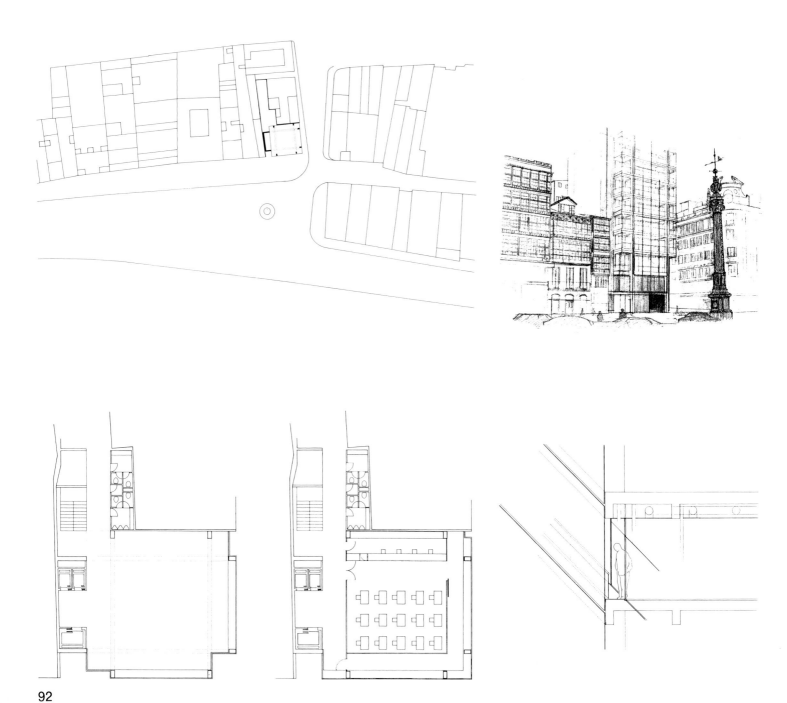

Museo Centro de estudios comarcales y biblioteca.
        Rehabilitación de la antigua cárcel municipal, Carballo, La Coruña

        Museum, regional study centre and library.
        Refurbishment of the former municipal prison, Carballo, La Coruña

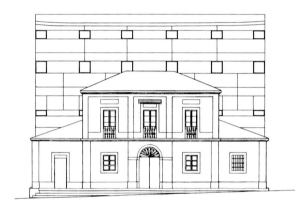
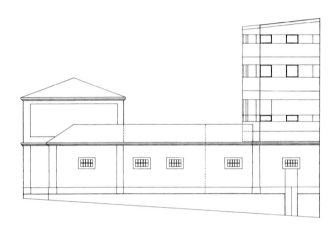
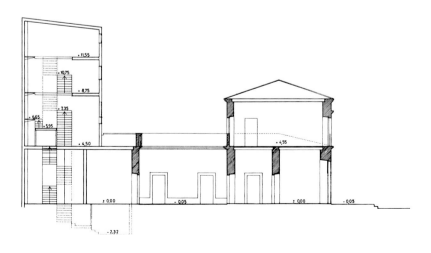
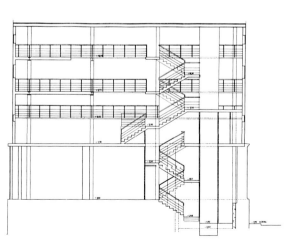

Nace en Orense en 1936.
Titulo por la ETSAM en 1963.
Doctor arquitecto en 1968.
Trabaja en Madrid con Alejandro de la Sota desde 1963-1966.
Becado en Escandinavia en 1963 y en París en 1970.
Profesor Titular de Urbanística en la ETSA de La Coruña.
Despacho profesional y residencia en La Coruña.
Colabora en revistas nacionales e internacionales. Participa en exposiciones individuales y colectivas. Ha dado cursos y conferencias en diferentes centros.

Born in Orense in 1936.
Graduates from the ETSAM in 1963.
Doctor of Architecture in 1968.
Works in Madrid with Alejandro de Sota from 1963 to 1966.
Awarded grants to travel to Scandinavia in 1963 and to Paris in 1970.
Full professor of Urban Design at the ETSA of La Coruña.
Has his own office and his home in La Coruña.
Publishes his work in Spanish and international magazines. Exhibits in group exhibitions and solo. Has given courses and lectures in various different centres.

Bibliografía/*Bibliography*

Publicaciones periódicas/*Periodical publications*

«Museo de Bellas Artes. La Coruña», en *A & V*. Madrid, 1991, pp 75 a 77

«La Arquitectura como solución. 6 ideas para un problema», en *A & V*, 5 mayo. Madrid, 1986, p.69

A & V. Nuestros museos. Noviembre-diciembre 1990, pp. 75 a 77

«Vivienda en El Carballo. La Coruña» A Nosa Terra en *Arquitectura*, abril 1987, nº 314

«Museo de Arte Sacro. La Coruña» en *AQ*. Revista Arquitectura Andalucía Oriental, enero 1991, pp 92 a 103

Archis. Monográfico Arquitectura Española. 4. abril. Amsterdam, 1986

«Arquitectos Gallegos», en *Arquitectura*. COAM mayo-junio. Madrid 1978, nº 212

«Casa en El Carballo. La Coruña», en *Arquitectura*, sept.-oct. Madrid, 1982, nº 238, pp. 61 a 67

Baldellou. M.A. «Monográfico: Panorama de la Arquitectura Actual en Galicia», en *Hogar y Arquitectura*, julio-agosto, Madrid, 1971, pp. 18 a 20

«Ocho Arquitectos», en *Boden*, mayo, Madrid, 1976, pp. 20 a 23

Casabella Xan, «Analisis da casa Manuel Gallego (Coruña)», en *Luzes de Galicia*, nº 14-15, Invierno, 1989-90, Editorial do Castro. La Coruña, p. 13 y 14

«Museo Diocesano de joyas», en *De Diseño*. Madrid, 1987, pp 73 a 79

Marzo J.M., «Casa da Cultura Chantada. Lugo. Una rehabilitación extrema» en *Diseño interior*, nº 5 junio, 1991, pp. 56 a 65

«Museo de Arte Sacro. La Coruña», en *Obradoiro*. 1987, nº 13, pp. 2 a 13

«Vivienda en la Isla de Arosa» y «Vivienda Unifamiliar en Veigue. Sada», en *Obradoiro*. agosto, 1984, pp 10 a 16 y pp 17 y 18

«Viviendas e equipamentos en Montecelo. Paderne». y «176 Viviendas e Urbanización Polígono de Vite. Santiago de Compostela», en *Obradoiro*. nº 18, enero 1991, pp. 114 a 121

«Casa da Cultura de Chantada» y «Entrevista con X.M. Casabella», en *Obradoiro*. Nº 16 1990, pp. 41 a 51

«Estudio previo a la Rehabilitación del teatro Rosalia de Castro» y «Proyecto de Rehabilitación del teatro Rosalia de Castro», en *Obradoiro*, julio 1985, nº 12, pp. 7 a 14 y pp. 15 a 16

«Proxecto para nove concellos galegos. Forcarei» en *Obradoiro*, dic. 1981, pp. 20 a 23

ON, Especial Galicia, Barcelona 1987, pp. 97 y 98

«Rehabilitación del edificio de San Caetano de Santiago de Compostela», en *ON*. (en colaboración con A. Baltar. J. Diaz y E. Pérez) nº 109, 1990, pp. 156 a 163

Pérez Pita E. y Jerónimo Junquera, «Un nuevo camino para la vivienda unifamiliar» y «Casa Jorreto» en *El Croquis*, Madrid, enero, 1984, nº 13, pp. 40-43 y pp. 35 a 39

Process: Achitecture Contemporary Spanish Architecture. Tokio, marzo, 1985, pp. 128 y 129

«Obras y proyectos y Entrevista con M. Gausa» en *Quaderns*. nº 178 julio, agosto, septiembre, 1988 p.p. 32 a 63

«La casa de la cultura de Valdoviño» y «La casa de la cultura de Chantada» y entrevista en *Ruptura* E.T.S.A. La Coruña, dic. 1989, pag. 22 a 26 y 29

Seara lago, «Museo de Arte Sacro», en *ITH*, Santiago de Compostela p.p. 8 a 11

Tzonis A. y Lefaivre L, «El regionalismo crítico y la arquitectura española actual», en *A & V*. marzo, Madrid, 1985

Libros y catálogos/*Books and catalogues*

6 Ideas para un problema, Consejería O.T.M.A. y V, Madrid, junio 1986, pp. 17 a 28

Antropología y Memoria. Visao Actual da Arte Galega. Catálogo, Fundación Gulbenkian, Sociedade Nacional de Belas Artes, Lisboa, julio, 1987

Capitel, A. *Arquitectura Española años 1950-80*, MOPU Arquitectura, p. 52

Casabella. X, «Entre tradicion e modernidade», en *Promociones culturais galegas*. Vigo. A Nosa Terra. 1988, pp 112 a 114

Cuadernos. Proyectos de Recuperación de teatros, MOPU, Madrid, 1989

Galicia: Tradition und Design, Catálogo Xunta de Galicia 1991, p. 90, 154 y 155

La Renovación arquitectónica del Museo de Bellas Artes de La Coruña. Catálogo. Centro Georges Pompidou, París, Ministerio de Cultura, D.G. de B.A. y Archivos, D. Gral. de los Museos Estatales, 1989

Levenne, R., Marquez F., Barbarin A, *Arquitectura Española Contemporánea*, El Croquis Editorial 1975-1990, pp. 592 a 601

Montaner. J. Mª, *Nuevos Museos. Espacios para el Arte y la Cultura*, Editorial Gustavo Gili, S.A. 1990, p. 25, Barcelona

Museo de Bellas Artes. La Coruña, Catálogo-Exposición Ministerio de Cultura D.G. de B.A y Archivos D. Gral. de los Museos Estatales, 1989

Güell, Xavier (ed.) J. Rykwert *Arquitectura Española Contemporánea. La Década de los 80*. Editorial Gustavo Gili, Barcelona, 1990, pp. 80 a 83

Ruiz Cabrero G, *Espagne Architecture. 1965-1988*. Electa Moniteur, Milán, 1989, p. 164

Trentes Oeuvres Architectures Espagnoles Annees 50, annees 80. MOPU, Catálogo Europalia, 1985 pp. 121 a 125

Escritos/*Writings*

«A Galicia rural na encrucillada.» (colectivo) Editorial Galaxia. Vigo, 1974, pp. 74 a 109

«Análisis del desarrollo urbano de La Coruña», (en colaboración J. González Cebrián), en *Ciudad y Territorio*, 1975, I.E.A.L

«El medio rural y la práctica del urbanismo en Galicia: Contradicciones», CERCHA, 1975, pp. 23 a 44

«Actuación sobre el ensanche», en *Proyecto y ciudad histórica. S.I.A.C.*, Ediciones COAG, 1975 pp. 23 a 44

«O medio rural. 1 Xornadas de Arquitectura Galega» Ponencia, COAG, 1978

Diseño, Espacio, Memoria., Informe general, IX Experiencia de Sargadelos, colectivo, en *Cuadernos del Seminario de Sargadelos*. Edicions Do Castro, 1980

«Crónica de un seminario breve sobre arte e industria», colectivo en *Cuadernos del Seminario de Sargadelos*, Ediciones Do Castro, 1983

«El paisaje rural como forma cultural», Ponencia, Seminario Estudos Galegos, Ediciones Do Castro, 1984.

«Contemporary Spanish Architecture. Architecture of Galice», en *PROCESS*, Tokio, 1985

Crisis y nueva urbanización, Ediciones Universidad a distancia, La Coruña, 1986

«La ciudad y el territorio: una reflexión sobre el valor cambiante del soporte territorial», en *Boletín Académico*, E.T.S.A., La Coruña, 1987

«El Burgo de las Naciones. Santiago de Compostela», en *Boletín académico*, E.T.S.A., La Coruña, 1988

«El Urbanismo en el medio rural. Reflexiones sobre el caso de Galicia», en *Urbanismo*, COAM, Madrid, 1988

Actuaciones na cidade. Adaptación do cuartel do horreo para sede do parlamento de Galicia. Ediciones Parlamento de Galicia, 1989, pp. 11 a 14

«Arquitectura, Resistencia e liberdade», en *Luzes de Galiza*. Ediciones Do Castro, Sada, 1987

«Cidades. New York», en *Luzes de Galiza*, Ediciones Do Castro, Sada, 1988

«As Arquitecturas de Isaac Diaz Pardo», Concello de Santiago, 1990, pp. 77 y 78

«Vivienda y Ciudad, el límite de lo posible. Vivienda y ciudad. concurso internacional de proyectos», en *Quaderns*, Barcelona, 1990, pp. 106 y 107

Alejandro de la Sota. Arquitecto. Catálogo de dibujos, Casa da Parra, Xuño-Xulo, 1990, Conselleria de Cultura, Santiago de Compostela

Han colaborado en mi estudio profesional las siguientes personas/*The following people have worked in my studio:*

en Estructuras/*Structural Consultants:*
José Andujar
Manuel Otero
Juan Escudero

José Muela
Carlos Asensi
Eduardo González
Lourdes Mosquera
Cándido López
Carlos Quintans
Enrique Rodríguez
Evaristo Zas
Jeanne Picard
Pablo Gallego

Todas las fotografías han sido realizadas por/
All the photographs were taken by:

Juan Rodríguez
Xurxo Lobato
Hisao Suzuki
Manuel Gallego
Pablo Gallego

El presente volumen ha sido preparado por/
This volume was prepared by:

M. Gallego, Carlos Quintans.